AF339884

CH. HERMELINE
A travers l'Europe
SANARD & DERANGEON
ÉDITEURS
174 RUE St JACQUES
PARIS

A TRAVERS L'EUROPE

NOTES DE VOYAGE

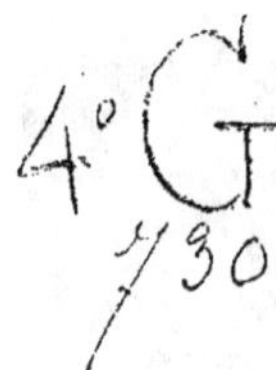

STATUE DE THÉODORIC, A INNSBRUCK

CHARLES HERMELINE

A TRAVERS L'EUROPE

NOTES DE VOYAGE

ECOSSE, ANGLETERRE, FRANCE, SUISSE,

ALLEMAGNE, TYROL, POLOGNE

PARIS

SANARD ET DERANGEON, ÉDITEURS

174, RUE SAINT-JACQUES, 174

1898

Au Lecteur

Après dix mois de travail, un professeur a bien le droit, cher lecteur, de prendre son essor vers de lointains pays, où rien ne lui rappellera sa classe et l'utile, mais monotone besogne de tous les jours.

C'est ce que j'ai fait plusieurs fois : pour me reposer d'abord ; aussi par goût des voyages, pour voir, m'instruire et m'amuser, sans songer d'ailleurs à prendre des notes, à jeter sur le papier les souvenirs dont les couches obscures s'entassaient en mon âme.

Seulement, quand on m'en sollicita, je pris la plume, et, penché sur moi-même, j'appelai mes impressions au jour. A cet appel surgirent de radieuses visions du passé, remontèrent des émotions anciennes, et ces images, que je voyais sortir des brouillards ensoleillés du souvenir, j'essayai de les fixer pour les autres et pour moi.

C'est presque une profanation que de porter la main sur ces formes flottantes, qu'on garde comme un charme vague au dedans de soi-même, pour leur donner les contours précis d'une description ; d'autant que le tableau est toujours inférieur à la vision, et qu'on est tout étonné, en se relisant, de voir qu'on a si mal rendu ce dont on était si fortement saisi.

Néanmoins, à force de faire des feuilletons, [1]. voici le livre au complet. J'ai évoqué des souvenirs d'Écosse, d'Angleterre, de France, de Suisse, d'Allemagne, de Tyrol et de Pologne. Au lieu d'un récit continu, j'ai fait une série de petits tableaux ; car, des images qui remontaient vers moi, je n'ai voulu prendre que les sommets, qui s'illuminaient d'un plus vif éclat dans ma mémoire, et dont il me semblait que le lecteur serait plus aisément frappé.

Quand même d'autres ne prendraient pas de goût à ces notes de voyage, je ne regrette pas de les avoir écrites. La tâche fut douce pour moi. Malgré le dépit qu'on a de ne pouvoir rendre à son gré tant de beaux spectacles, j'ai passé des heures délicieuses à voir défiler sous ma plume lacs et montagnes, châteaux et monastères, fleuves et mers, hommes et peuples, à revivre ces jours de liberté vagabonde où je promenais de ville en ville et de pays en pays ma curiosité attentive, mes regards qui s'enivraient de toutes ces beautés dont la main de Dieu a enveloppé, comme d'un glorieux manteau, la surface de la terre. Et dans cette seconde jouissance, je le remerciais d'avoir fait notre demeure si belle, et de m'avoir ouvert l'âme aux splendeurs dont il l'a parée.

Maintenant que j'ai fini de brosser mes peintures, et que les voilà suspendues en galerie dans ce volume sous les yeux du public, je me permets de vous les recommander, ami lecteur ; j'y ai mis quelque chose de moi, et je voudrais que ce ne fût pas perdu. A vous maintenant de décider si ces choses valaient la peine d'être écrites.

---

1. *Dans la* Croix d'Eure-et-Loir *d'abord, dans la* Vérité *ensuite.*

A TRAVERS L'EUROPE

NOTES DE VOYAGE

Edimbourg.

Le vieux bourg du roi Edwin, l'ancienne Dunedin des Celtes, devenue aujourd'hui une grande ville, la capitale intellectuelle et politique de l'Écosse, a mérité de ses admirateurs le surnom d'Athènes du Nord : à leurs yeux, son château escarpé représente l'Acropole ; le port de Leith, c'est le Pirée, et le golfe de la Forth, la mer Égée ; d'ailleurs on y cultive les lettres, et toutes les choses de l'esprit y sont en honneur.

Mais il faut avouer que, pour une Athènes, elle manque d'un ciel bleu et d'une atmosphère limpide ; j'ignore si la teinte noire de ses monuments aurait satisfait les architectes de la Grèce.

Mais à quoi bon la comparer ? Ce n'est pas par une ressemblance qu'Edimbourg nous attire ; c'est parce qu'elle a un cachet propre, parce que c'est Edimbourg.

Vieille capitale, elle est tout imbibée de sang écossais et de souvenirs historiques. Ses maisons sont vieilles, hautes, froides et sombres. Et pourtant il y a comme un sourire de la nature sur cette ville austère, quelque chose de la grâce de Marie Stuart flottant sur le masque rigide d'un puritain.

Le terrain ondule et se creuse en sillons profonds, et la nappe des maisons en suit les convexités. Au-dessus de ces vallées, deux points saillants se détachent, d'où l'on domine tout le reste : le château et Carlton-Hill.

Le château se dresse sur un éperon de rocher, qui, parti des plaines d'Holyrood, s'élève lentement, plonge jusqu'au cœur de la ville, et se termine par une descente à pic. Sur cette extrémité, le roi de Northumberland jeta au septième siècle les premiers fondements d'une forteresse.

Les âges suivants ajoutèrent leurs tours massives, leurs lourdes murailles crénelées ; la guerre se déchaîna contre ces remparts, rochers bâtis sur des rochers. Quand Perth cessa d'être la capitale écossaise, les rois vinrent habiter cette sombre demeure : la malheureuse Marie Stuart, dont le portrait et le souvenir poursuivent partout le voyageur en Écosse, y mit au monde un fils qui fut Jacques Ier. Cromwell s'en empara. Au pied de ce château passèrent, au son de leurs cornemuses, les sauvages highlanders du *Chevalier*, Charles Édouard, quand ils partaient pour la bataille de Preston-Pans.

Tout cela n'est plus qu'un souvenir ; il n'y a

plus de roi d'Écosse, plus même de Parlement ;
plus de covenantaires, plus de jacobites. Mais le
vieux témoin de toute cette dramatique histoire
est resté là, fièrement campé sur son roc, assom-
bri par l'âge, et quelque peu maussade, comme
un vétéran qui a survécu aux périodes épiques,
mais toujours vénérable et puissant.

On y a mis une caserne de highlanders ; ces
soldats en jupon veillent sur les joyaux de l'ancienne couronne d'Écosse, et sur cet autre trésor
écossais, le vieux canon populaire, Mons Meg, comparable, pour l'enthousiasme qu'il excitait, à la
Marie-Jeanne des Vendéens.

Quand ce canon partait en guerre, on l'ornait
de rubans, et les cornemuses le précédaient en
cortège triomphal. Les Anglais l'avaient emmené
aux bords de la Tamise, à la grande douleur de
l'Écosse ; ils le rendirent en 1828, et ce souvenir
des luttes d'autrefois est maintenant à sa vraie
place : Mons Meg se rouille désormais sur le sol
de sa patrie.

Des terrasses du château, on domine non seulement Édimbourg, mais toutes les campagnes
environnantes. En face, s'élève la hauteur rivale
de Carlton-Hill, moins âpre, plus arrondie, avec
les débris d'un monument national, qui ne fut
jamais achevé et vous a un faux air de ruine
grecque.

Par delà, dans le lointain brumeux, s'étend
le vaste bras de mer où se déverse la Forth.
Sa surface paisible, sillonnée de navires, chevau-
chée par un pont gigantesque, qui en trois pas

franchit plus de 1500 mètres, s'étend d'un côté vers la mer du Nord, et de l'autre s'enfonce dans les terres jusqu'au pied des montagnes écossaises. Au sud, les collines de Pentland ferment l'horizon. Avec les monuments d'Edimbourg au premier plan, c'est un spectacle qui vaut la peine d'être vu.

Du château descend en pente douce une longue rue, qui le rejoint au palais royal d'Holyrood. C'est l'artère principale du vieil Edimbourg, la Grande-Rue, continuée par la fameuse Canongate, qui a vu passer tant de cortèges différents, tant de gloires et d'humiliations.

Sur la droite de la Grande-Rue, s'élève la vieille église gothique de Saint-Gilles, l'ancienne cathédrale, pleine des souvenirs des luttes religieuses. Les anglicans et les presbytériens se disputèrent cette église, que la Réforme dépouilla de tous ses ornements ; c'est là que fut signé le Covenant. Quand Charles Ier imposa son épiscopat aux Écossais qui n'en voulaient pas, il fit de Saint-Gilles la cathédrale. Mais les presbytériens ne l'entendaient pas de la sorte. Une femme, en guise de protestation, prit son tabouret et le lança à la tête du doyen. Les puritains ont mis une plaque dans l'église pour célébrer leur héroïne, et le tabouret est conservé, paraît-il, au musée des antiquités.

Le persécuteur de Marie Stuart, Moray, est enterré dans cette église ; Montrose l'est également. Moins honoré, Jean Knox repose, d'après la tradition, à côté de l'église, dans l'ancien cimetière converti en place publique, sous une pierre qui porte

CHATEAU D'ÉDIMBOURG

ses initiales. Il n'a pas même la consolation d'être couché sous ces voûtes, qui retentirent de ses violentes déclamations contre la Prostituée des sept collines. Les passants le foulent aux pieds, et, comme sa plus grande vertu n'était pas l'humilité, j'ai du mal à croire qu'il ait prévu ce sort réservé à ses restes.

Le palais d'Holyrood n'a rien de remarquable en lui-même ; et pourtant il est intéressant parce qu'il est plein de Marie Stuart.

Cette reine malheureuse a semé dans toute la basse Écosse des traces de son martyre.

J'ai vu près de Glasgow les plaines où ses troupes furent défaites par Moray ; au milieu du Loch Leven le château et l'île solitaire où on lui fit signer son abdication, et d'où elle parvint à s'échapper. A Holyrood, elle vit massacrer Rizzio sous ses yeux.

Vraiment les protestants de ce temps-là furent des gens bien durs ; il n'y avait pas un coin pour la pitié dans le cœur de ces farouches lecteurs de la Bible. Ils s'acharnèrent sur la beauté, la faiblesse ; personne ne se privait de la faire souffrir. Alors, pour échapper à ses bourreaux, elle se jeta dans les bras de sa bonne cousine Élisabeth, qui la promena de prison en prison pendant dix-neuf ans, et assouvit enfin par sa mort sa vieille jalousie de méchante femme.

C'est tout ce passé qui revit quand on parcourt les salles d'Holyrood, avec leurs tapisseries du temps, et des reliques de la reine Marie. Les gens de bonne volonté aperçoivent encore sur le sol la tache du sang de Rizzio. Cela n'est pas nécessaire pour évoquer ce drame dans le lieu où il s'est déroulé, et voir le pauvre vieux musicien bossu tomber sous les coups de Darnley, ce mari qui se permettait toutes sortes de choses, et d'être jaloux par-dessus le marché.

On sort tout attristé de ce palais royal, et cette impression n'est pas affaiblie par une visite aux ruines de la chapelle. C'était autrefois l'église d'un monastère. La Réforme puritaine a passé par là, brisant tout, comme elle a passé dans toute l'Écosse ; quelles magnifiques œuvres d'art chrétien le zèle imbécile de ces fanatiques a jetées par terre ! Je ne sais s'ils ne rendraient pas des points à nos révolutionnaires eux-mêmes.

Il reste aujourd'hui les murs et de grandes fenêtres gothiques, veuves de leurs vitraux. Les tombes des grands seigneurs écossais, comtes, ducs, barons, chevaliers, tous gens très puissants et très fiers de leur vivant, sont maintenant exposées aux intempéries de l'air, foulées aux pieds par des touristes indifférents, et l'herbe pousse dans les interstices des pierres.

Holyrood est situé à l'extrémité de la ville, au pied d'une colline de forme hardie, le *Siège d'Arthur*, dont l'ascension demande une heure, et d'où la vue s'étend plus loin encore que de la terrasse du château. C'est de là-haut qu'il convient de prendre congé d'Edimbourg, de la vieille forteresse sur son roc à pic, du monument de Walter Scott, qui se dresse comme un clocher gothique au-dessus des maisons, des fragments de temple qui couronnent Carlton-Hill, enfin de ce vaste golfe qui dort dans une brume légère, et, paresseusement, se développe jusqu'aux régions pittoresques des Hautes-Terres.

Un dimanche à Glasgow.

J'arrivai à Glasgow un samedi, vers trois heures de l'après-midi. La ville commençait à se mettre en goguette.

Dans toute l'Angleterre, c'est le samedi soir que l'ouvrier s'enivre. Les usines, les grandes entreprises et la plupart des établissements de commerce ferment à deux heures. L'homme sérieux peut consacrer son après-midi à des travaux d'intérieur, pour être complètement libre le dimanche ; mais l'homme qui ne l'est pas le consacre toujours à manger la paye qu'il vient de recevoir.

Donc, on commençait à chanceler dans les rues de Glasgow, quand j'y arrivai. Mais ce n'était encore que de l'ivrognerie sporadique ; la plupart des passants marchaient droit ; on rencontrait par-ci par-là seulement un ami de la ligne courbe qui s'y était pris de bonne heure.

Et puis, beaucoup de gens parurent être atteints d'une faiblesse dans les jambes ; à mesure que le soleil descendait vers l'horizon, les zig-zags s'accentuaient sur les trottoirs. Quelques-uns, à demi vaincus déjà, s'accoudaient au piédestal des statues, et regardaient, hébétés, le flot des passants, en grommelant je ne sais quoi d'inarti-culé.

Avec de l'habitude, on arriverait à juger de l'heure qu'il est, un samedi soir, par le nombre d'ivrognes qu'on rencontre dans la rue.

A six heures, il y en a tant qui monologuent en titubant, qu'on se demande si l'on n'est pas le jouet d'une illusion. Il semble que ce soit la ville entière qui chancelle sur ses bases.

Nulle part, pas même dans l'East-End de Londres, je n'ai vu un tel étalage public d'ivro-gnerie. Peu de bruit, d'ailleurs ; la bière et le whisky ne produisent pas l'ivresse tapageuse du vin. Tous ces malheureux ont plutôt l'air assom-més, abrutis.

Je vis, dans cet après-midi, retirer de la Clyde quelqu'un qui s'y était jeté, et ramasser un ivrogne par-dessus lequel une voiture venait de passer. Ce dernier était accoté à un mur : il re-gardait l'attroupement et riait d'un air bête ; évi-demment, il n'avait rien compris à ce qui venait de lui arrive.

Voilà Glasgow tel que je l'ai vu le samedi soir.

Mais le dimanche matin, un calme solennel régnait dans les rues ; des messieurs très bien, graves et dignes, se rendaient au temple, avec un livre sous le bras. Glasgow n'était plus le bouge ignoble de la veille ; c'était une cité puritaine, qui allait remplir le devoir du septième jour avec le sentiment d'une conscience austère et irréprochable.

On sait avec quel scrupule les Anglais observent le dimanche. Le *sabbat* écossais est plus strict encore. Il est impossible de voyager ce jour-là. Les bateaux restent dans le port ; les trains sont réduits à leur plus simple expression. Les amusements mêmes sont interdits.

Comme il faut cependant employer son dimanche à quelque chose, on va se promener dans les parcs, où s'organise cette chose si anglaise, dont nous n'avons pas l'idée en France, la prédication en plein air.

Il ne s'agit pas seulement de ministres qui réunissent un troupeau d'occasion pour lui annoncer le salut ou lui prêcher une doctrine. La plupart du temps, les orateurs sont des laïques, des ouvriers, peut-être de ceux qui titubaient hier, qui se donnent la mission d'éclairer leurs frères au nom de l'Esprit-Saint. Un homme se met à parler, entame une question théologique ; on fait cercle ; un autre lui répond, ils ne s'y entendent pas plus l'un que l'autre ; en voilà pour plusieurs heures.

J'avais déjà vu cela à Londres. Je me rappelle un Irlandais en guenilles, qui, dans Hyde-Park, défendait sa religion contre deux ministres protestants, citait saint Paul, ripostait avec une verve endiablée à toutes les objections, mettait l'auditoire de son côté, et, hélas ! terminait en faisant

UNIVERSITÉ DE GLASGOW.

le tour de l'assemblée, son chapeau à la main.

Mais Hyde-Park même ne fournit pas tant de théologiens que la grande prairie qui borde la Clyde à Glasgow.

Ce qui est extraordinaire aux yeux d'un Français, c'est le succès qu'obtiennent ces discussions et le sérieux qu'on y apporte.

On voit un homme du peuple au milieu d'un cercle, sa Bible à la main, suant à chercher des textes, ânonnant une réponse, pendant que son adversaire, un malin, le regarde les bras croisés, tout fier de l'avoir *collé* par l'objection qu'il vient de faire. Les malheureux discutent sur la prédestination! Et on les écoute!

Plus loin, voici un grand escogriffe tout de noir habillé, dont les grands bras s'agitent en l'air comme les ailes d'un moulin à vent. On n'en voit pas le bout. Osseux et dur, il est doué d'une voix désagréable, mais puissante; c'est sans doute le ministre d'une secte infiniment petite. En ce moment, il déclame contre les catholiques, parce qu'ils admettent que la Sainte Vierge est mère de Dieu. Sur une table sont rangés des opuscules, ses ouvrages, qu'il s'agit d'écouler.

Sa déclamation prend fin. Alors un de ses fidèles s'empare d'un ballot de livres, et fait le tour de l'assemblée en criant : « Marie, mère du Christ, mais non pas mère de Dieu, un shilling! » L'auditoire se compose d'ouvriers du port ou des usines, de gens qui vivent au jour le jour et ont une famille à nourrir. Eh bien! il s'en trouve un certain nombre qui tirent leur porte-monnaie, et en extraient le shilling demandé, pour se prouver que Marie est bien mère du Christ, mais qu'elle n'est pas mère de Dieu !

Celui-là n'est pas réjouissant : à la bonne heure, l'Armée du Salut ! En voici une bande qui arrive, hommes et femmes, en uniforme, et va se poster près de la grande fontaine. La séance va commencer.

Elle est ouverte par un grand brun à la chevelure embroussaillée, qui n'a pas mauvaise figure, et blague tout en prêchant. On va chanter un cantique. Le grand brun s'arme d'un violon, un manchot son voisin embouche un cornet à piston, et le chœur des voix part, accompagné de ces deux instruments, et des tambours de basque que les femmes agitent au-dessus de leur tête.

Quand on a prêché, on chante ; quand on a chanté, on prêche. Les femmes ont leur tour ; elles viennent une à une se placer au milieu du cercle, et elles exhortent l'auditoire à une vie meilleure et plus chrétienne. Il y a du moins cela de bon à l'Armée du Salut qu'on ne s'y livre pas à des divagations dogmatiques ; les grands principes de la morale chrétienne, voilà ce qu'enseignent ces prédicateurs improvisés.

On a beau chanter et prêcher alternativement, être soutenu d'un violon et d'un cornet, il faut que tout ait une fin, et la fin, c'est une quête

Le grand brun annonce qu'il demande des sous, assez seulement pour faire un shilling. Quelques pièces de billon tombent dans le cercle ; le quêteur insiste ; d'autres pence volent dans l'air et tombent à ses pieds. Ah ! voici qu'il y a plus d'un shilling, et il ne veut emporter qu'une somme ronde. En avant pour les deux shillings !

Le billon s'amasse toujours. Miséricorde ! il y en a pour plus de deux shillings ! On ne peut pas rester avec une fraction. De grâce, complétez les trois shillings, et je serai content.

Cela pourrait durer indéfiniment. Notre violoniste s'arrête enfin, remercie, et toute la troupe part en chantant un cantique, violon et cornet en tête.

Dans un coin du parc une demi-douzaine de bourgeois à gros ventre sont assis et discutent aussi sur les réformes à faire dans la ville. Mais de leur cercle partent de gros rires ; leur discussion n'est qu'une parodie. Évidemment, ils se moquent des autres.

C'est la seule exception que j'aie vue. Tout le monde était sérieux, comme si, réellement, ces orateurs du dimanche avaient pu décider les graves questions qu'ils maniaient si maladroitement.

Quel singulier peuple tout de même ! Qu'on essaye donc d'arracher ce tableau à son cadre et de le transporter en France ! Qu'on se figure la prédestination traitée dans le jardin des Tuileries par des employés du Bon Marché ou des conducteurs d'omnibus ; de petites bonnes annonçant au public dans le Luxembourg qu'il faut faire son salut, quitter la boisson et la débauche, et s'attacher au Christ ! Qu'on s'imagine un ministre vendant aux débardeurs du canal Saint-Martin un opuscule sur la maternité de la Sainte Vierge !

Je connais bien peu d'Anglais, dit Max O'Rell, un écrivain français bien connu en Angleterre, qui ne soient capables de faire un sermon à leur voisin et de fonder une religion nouvelle. Et les Écossais donc !

Est-ce le whisky du samedi qui leur donne tant de goût pour la théologie du dimanche ? Toujours est-il que ce sont là les deux passe-temps préférés. Sydney Smith n'a pas mal caractérisé l'Anglo-Saxon, en disant qu'en fait de distraction, ce peuple n'avait inventé que deux choses : le vice et la religion.

STIRLING

Après Édimbourg, il n'est pas de ville qui ait concentré plus d'histoire écossaise que Stirling.

Ancienne résidence des Stuarts, placée au point de jonction des Basses-Terres et des montagnes, dominée par un château sombre et lourd qui rappelle celui de la capitale, cette petite ville a toujours tenu une place considérable dans l'histoire de son pays.

Luttes de l'indépendance contre les Anglais, du roi d'Écosse contre ses nobles, guerres de religion, tout le passé a laissé de ses traces sur ce sol imprégné de souvenirs. L'histoire a ses lieux privilégiés.

En haut de la pente rapide qui mène au vieux château, sur l'esplanade qui précède le pont-levis, se dresse une statue de Robert Bruce, le visage tourné vers les champs de Bannockburn, où il défit l'ennemi héréditaire, l'Anglais, trois fois fort comme lui, et lui enleva, pour quelques temps du moins, l'envie de revenir.

En face, s'élève le rocher de l'Abbaye, abrupt et pittoresque, surmonté d'une tour qui semble être une vieille ruine gothique. En réalité c'est un monument moderne en l'honneur de Wallace, qui battit aussi les Anglais à Stirling.

Wallace et Bruce : deux noms légendaires en Écosse, deux noms liés à l'histoire de Stirling. Les deux héros de l'indépendance, dont l'un, vainqueur d'abord, puis fugitif et livré par un traître, fut décapité ; l'autre, vaincu dès le commencement, errant à la merci de tous dans les îles sauvages de l'Ouest, régna glorieusement sur l'Écosse délivrée, sont venus successivement sur le même terrain donner la mesure de leur valeur, et illustrer ces lieux de la gloire la plus pure, celle de la délivrance nationale.

Le château est resté tel qu'au moyen âge. Mais le temps a jeté dessus un voile de tristesse. Même les arabesques que le XVIe siècle avait dessinées sur le palais de Jacques V sont décrépites, et sentent l'irrémédiable misère de la vieillesse

On se demande d'ailleurs si ce palais a jamais pu être bien gai, et si les fêtes qu'y donnaient les Stuarts n'avaient pas, derrière ces murs épais faits pour les rudes assauts de la guerre, un certain relent de mélancolie.

Par contre, les drames de l'histoire y trouvaient un décor bien approprié. C'est dans une petite salle de ce château qu'un roi d'Écosse fit venir Douglas, le plus puissant seigneur de son royaume, mais aussi turbulent que puissant, et, pour en finir d'un coup, lui passa son épée au travers du

CHATEAU DE STIRLING

corps. Le souvenir de cette justice expéditive, qui
flotte autour des murailles sombres, imprime un
caractère plus lugubre encore à cette partie du
château, qu'on appelle toujours la chambre de
Douglas.

Près de là s'étend le cimetière, et c'est une
des principales curiosités de la ville.

Parsemé d'arbres, coupé d'allées ombragées
comme celles d'un parc, il n'a pas l'aspect monotone et quelque peu maussade de beaucoup de
cimetières anglais. Vers le centre, un rocher
émerge des tombes, qu'il domine, et de ce rocher
on contemple tout un monde de souvenirs écossais.

C'est d'abord le château, flanqué de la vieille
église des Frères Gris. Plus loin, large et fertile,
s'ouvre la vallée où la Forth déploie nonchalamment ses boucles sans cesse repliées, comme un
serpent immense qui s'étire au soleil. Sur le
vieux pont de pierre qui la traverse fut pendu
Hamilton, le dernier archevêque catholique de
l'Écosse.

Voici Bannockburn, le ruisseau que Bruce
immortalisa, et la tour qui rappelle Wallace.

Plus près, dans le cimetière même, une large
pyramide est élevée aux Covenantaires, ces
hommes à qui l'on attribue l'honneur d'avoir
conquis la liberté de conscience, et qui, comme
leurs adversaires, ne combattaient que pour le
droit d'opprimer les autres. Ils eurent le gouvernement contre eux ; ils furent persécutés, et cette

persécution les a entourés d'une auréole de poésie dans les récits des historiens et des romanciers.

: Deux de leurs héroïnes ont leur statue dans ce cimetière où elles sont enterrées ; deux jeunes filles que l'on attacha sur les bords du golfe à marée basse, qui virent le flot monter lentement, et la mort monter avec le flot, jusqu'à ce que la vague, dépassant enfin leur tête, achevât leur supplice.

Ces deux statues de marbre blanc et cette pyramide de pierre grise évoquent tout un monde, le monde de Walter Scott, le monde des Cavaliers et des Têtes Rondes, l'époque des luttes terribles et des enthousiasmes desespérés. Le temps a jeté sur toutes ces dépouilles le linceul d'un grand calme et d'un grand silence. C'est bien du milieu d'un cimetière qu'il faut contempler ces souvenirs du passé.

Voilà le panorama tout écossais que l'on a sous les yeux. Ajoutez, pour compléter le tableau, le rideau des Highlands qui ferme l'horizon vers le nord ; quelques grands sommets se découpent sur le ciel : c'est le Ben Ledi, le Ben Venue, le Ben Lomond ; région mystérieuse peuplée de souvenirs romanesques, pays des clans aux mœurs étranges, pays de Rob Roy et de Roderick Dhu, sur lequel ce grand magicien, Walter Scott, a jeté le rayonnement de son imagination ; attirés par sa toute puissante baguette, saluons donc une dernière fois les vieilles tours de Stirling, et partons pour cette *Terre de montagnes et de torrents.*

LES HIGHLANDS

« O Calédonie, pays austère et sauvage ! Digne nourricière du poète, ton enfant ! Terre de bruyères brunes et de bois touffus, terre de montagnes et de torrents, pays de mes pères, quelle main mortelle pourrait jamais dénouer le lien filial qui m'attache à tes âpres rivages (1) ? »

Cette apostrophe de Walter Scott à l'Écosse semble être faite surtout pour la partie montagneuse de ce pays, les Grampians et leurs ramifications, qui couvrent d'un réseau de hauteurs et de lacs tout le nord, depuis Stirling jusqu'à la fin des terres, et se prolongent encore par-delà les détroits dans les îles rocheuses qui font face à la côte. C'est cette contrée qu'on appelle les Highlands ou Hautes-Terres.

Mais les Highlands sont bien changés depuis que Walter Scott, l'infatigable pied-bot, en parcourait à pied les recoins les plus ignorés.

Le costume bizarre du Highlander de Rob-Roy ou de Waverley a disparu. On tisse encore le tartan dans les montagnes. Mais le bouclier, la claymore et la dague sont relégués dans les

(1) *The lay of the last Minstrel*, chant **VI, 2.**

musées. Le kilt, ce jupon court à carreaux, qui seul protégeait les jambes de ces montagnards sans culotte, le plaid ou grand manteau, dans lequel on s'enveloppait pour dormir sur la bruyère, le béret bleu où se fichait une plume d'aigle, sont des souvenirs d'autrefois.

Seuls, les soldats portent encore ce costume pittoresque, sauf qu'ils remplacent le béret par un énorme bonnet à poil. Quelques mendiants ingénieux l'utilisent aussi pour exploiter la curiosité charitable du touriste ; postés aux bons endroits, quand passe la diligence ou le bateau, ils sonnent un vieux pibroch sur leur cornemuse enrubannée de vert, pour attirer les pence anglais dans leur escarcelle. Ajoutez quelques jeunes voyageurs, qui, par chic, prennent tout ou partie du costume highlander, et voilà ce qu'il en reste. Les paysans ont emprisonné leurs jambes dans l'étui banal du pantalon, et rien ne les distingue de leurs concitoyens des Lowlands.

Dans les glens ou vallées courent maintenant les chemins de fer ; sur les lacs, que relient des canaux, les vapeurs étendent leur insolent voile de fumée noire. Au lieu des primitives auberges, dont un hôte puissant pouvait interdire l'entrée par une branche d'arbre mise en travers de la porte, et où ce brave homme, le bailli Nicol Jarvie, paraît avec un tisonnier la claymore d'un Highlander (1), on trouve, comme en Suisse, des hôtels confortables, élégants et très chers. Des *coaches* bondés d'Anglais et d'Américains roulent

(1) *Rob Roy*, ch. 38.

JOUEUR DE CORNEMUSE ÉCOSSAIS

sur les routes, sans crainte d'être arrêtés par des bandes de Rob-Roy, qui n'auraient jamais permis cette invasion de Southrons (1). Les sifflements de la langue anglaise ont remplacé les gutturales du gaélique, dont le domaine se restreint de jour en jour. Enfin on est exploité à souhait, et, si la vieille hospitalité écossaise existe encore, l'étranger qui descend à l'hôtel ne s'en doute guère.

Eh bien ! malgré tout cela, il reste encore beaucoup des Highlands de Walter Scott. Les mœurs ont disparu ; mais le paysage est toujours là, et, malgré l'invasion des touristes, il est resté imprégné de ce caractère de solitude et de sauvagerie qui lui prête tant de charmes dans les œuvres du grand écrivain.

C'est ce qui différencie l'Écosse de la Suisse, où tout est mouvement et vie. Dans les Grampians, le sol est stérile, les maisons sont rares ; les montagnes portent peu de forêts, mais seulement un manteau de bruyères rousses, où paissent des vaches noires et quelques moutons à longue laine tombante.

Ni les chemins de fer, ni les diligences, ni les bateaux ne sauraient peupler une telle solitude. La population, très clairsemée, ne l'anime pas. La vue d'un homme perdu dans la bruyère ne fait qu'accentuer la mélancolie solitaire d'un site. C'est dans les parties les plus pittoresques que l'on est le plus seul. Souvent l'hôtel se trouve au milieu du paysage, au bord d'un lac, comme à

____

(1) Nom donné par les montagnards aux gens du sud.

Stronachlachar ou à l'entrée d'une gorge, comme aux Trossachs.

Encore donc que bien entamée par les visiteurs, la solitude des Highlands est toujours impressionnante. Ce pays est assurément très beau, mais d'une beauté triste ; la mélancolie plane au-dessus de ces montagnes rousses et de ces lacs à l'eau brune.

Mais où la tristesse va jusqu'à la désolation, c'est dans ce qu'on appelle proprement une *moor* ou bruyère. Les moors n'ont pas changé. Le chemin de fer les traverse ; mais, comme on n'en peut tirer que de la tourbe et de maigres pâturages, elles sont restées dans leur nudité noire, constellée de vert et de rouge, telle que Walter Scott les a décrites tant de fois, et particulièrement dans ce passage de *Rob-Roy :*

« La route que nous suivions devint, à un mille ou deux de Glasgow, sauvage et découverte, et prit un caractère plus lugubre à mesure que nous avancions. D'immenses bruyères s'étendaient sans interruption devant nous, derrière nous, de tous les côtés, dans une stérilité désespérante. Tantôt elles étaient plates, parsemées de marais verts d'une verdure traîtresse ou noirs de tourbe ; tantôt elles se soulevaient en vastes renflements, qui, sans avoir la forme et la beauté des montagnes, étaient encore plus fatigants pour le voyageur. Il n'y avait ni arbres ni broussailles pour reposer l'œil fatigué de cette livrée rougeâtre d'absolue stérilité. La bruyère elle-même était de cette espèce rabougrie qui ne porte pas

LAC KATRINE, ILE D'ELLEN

ou presque pas de fleurs, et fournit le vêtement
le plus grossier et le plus pauvre, autant que
mon expérience me permet d'en juger, que notre
mère la terre ait jamais revêtu. D'êtres vivants,
nous n'en vîmes pas, excepté quelques moutons
errants, d'une étrange diversité de couleurs, noirs,
bleus, orange. La teinte noire dominait cependant dans leur tête et leurs pattes. Les oiseaux
eux-mêmes semblaient éviter ces déserts ; quoi
d'étonnant, puisqu'ils avaient un moyen facile de
s'en échapper ? A la fin, j'entendis toutefois les
cris monotones et plaintifs du vanneau et du
courlis (1). »

Voilà, à part les moutons bleus et orange, la
bruyère d'Écosse telle que je l'ai vue : la tristesse
faite paysage.

Mais il n'y a pas que cela dans les Highlands.
Là où l'on rencontre des arbres, l'Écosse est délicieusement pittoresque. Telle est toute cette région
de rochers boisés qui enchâsse ce bijou, le lac
Katrine : région d'une sauvagerie charmante, d'où
s'exhale, en outre de la beauté du site, un arome
de poésie pour les lecteurs de la *Dame du Lac*.

J'ai voulu parcourir à pied cette route que
firent ensemble ces deux mortels ennemis, le
chevalier de Snowdown et le terrible Roderick
Dhu ; la gorge des Trossachs, fouillis de verdure
et de roches grises, « si merveilleusement sauvage »,
paysage de rêve et de féerie, d'où l'on ne sortait
qu'en s'aidant des pieds et des mains, — une

____

(1) *Rob-Roy,* ch. 27.

bonne route la traverse maintenant ; — puis le tout petit lac d'Achray et le long Vennachar, qui s'étend jusqu'au gué de Coilantogle, où les deux chefs se saisirent dans une étreinte suprême : noms celtiques, d'une sonorité bizarre, qui ajoute encore à l'étrangeté des scènes.

Mais la partie la plus sacrée de cette région, la plus chère aux lecteurs du grand poète, c'est l'extrémité orientale du lac Katrine, enfermée dans des rochers à pic, que le bouleau tapisse de son feuillage pâle. Là s'élève, au-dessus des eaux tranquilles, la petite île qui a gardé le nom de l'héroïne, l'île d'Ellen.

Tout cela est encore très solitaire, et il est facile d'évoquer les figures dont le poète a peuplé ce désert : le chasseur égaré qui sonne du cor, la fille de Douglas exilé qui apparaît sur sa barque, et les farouches soldats du clan Alpine, qui couvrent le lac de leurs larges canots, et chantent, à la cadence de leurs rames, leur sauvage cri de guerre :

« Roderigh Vich Alpine Dhu, ho ! ieroe ! »

Mais, tandis qu'on se laisse emporter sur les ailes de la rêverie, un coup de sifflet retentit, un panache de fumée se déploie, et un petit vapeur accoste à la rive. C'en est fini de l'enchantement. Snowdown, Ellen, Douglas, Roderick Dhu s'effacent et rentrent dans le néant d'où le poète les avait tirés. Et c'est toujours ainsi.

Plus grand, plus majestueux, le lac Lomond se développe entre de hautes montagnes, dont l'une porte son nom. Son extrémité méridionale s'élargit, et embrasse des îles verdoyantes, quelques-unes couronnées de ruines, entre lesquelles le bateau cherche sa route, et par ses détours ouvre à chaque instant une perspective nouvelle.

Les montagnes d'Écosse sont relativement peu élevées. Cependant, comme beaucoup d'entre elles partent du niveau de la mer, qui allonge ses bras étincelants jusqu'au centre des terres, elles ont véritablement aux yeux l'altitude que leur donnent les cartes ; au lieu que, dans les Alpes, il faut défalquer de la hauteur des sommets celle de la vallée souvent très élevée où l'on se trouve. Ce fait, joint à leur forme hardie, explique que les montagnes d'Écosse produisent un effet plus grand qu'on ne pourrait l'attendre.

J'ai fait l'ascension du géant écossais, le Ben Nevis. Il n'a que 1,342 mètres, et Zermatt, dans le fond de son entonnoir, est beaucoup plus élevé. Mais il fait bonne contenance tout de même.

J'en gravis les pentes rocailleuses en compagnie d'un Hindou rencontré aux chutes de la Clyde, qui me débitait des poésies en sanscrit pour me faire admirer la sonorité de cet idiome oriental ; en ce pays de langue celtique, cela ne manquait pas d'un certain piquant.

Mais, dans les ascensions, il faut toujours compter avec ce maudit brouillard, qui se pose en maître sur les sommets, et vous frustre, avec un sans-gêne que rien ne dérange, des fruits d'une fatigante montée. Arrivé là-haut, je pus voir que je ne voyais rien du tout.

Heureusement, les vues partielles de la montée et de la descente me dédommagèrent un peu. Tandis que mon noir compagnon me berçait de sons mélodieux et inconnus, éclos aux rayons du soleil de l'Inde, j'apercevais, à travers les brumes du nord, la mer déchiquetée, les golfes allongés, les îles lointaines et vaporeuses et les montagnes, si bleues qu'on les aurait dites peintes par un maître italien. Les eaux étincelaient comme des flaques de lumière : avec un peu de soleil, la mélancolique nature semblait s'éveiller à un vague sentiment de joie ; la lueur fugitive d'un sourire l'avait illuminée un instant. Puis nous entrâmes dans le brouillard, et tout redevint morne et triste.

Que d'autres souvenirs se présentent, dont je ne puis pourtant encombrer le lecteur ! Voici la longue série des lacs, qui traversent la *grande vallée*, et que relie le canal Calédonien ; voici la belle cascade de Foyers, la colline conique qui sert de cimetière à Inverness ; le défilé de Killiekrankie, où la claymore heurta la baïonnette, où Dundee, le chef jacobite, battit les troupes de Guillaume III et périt dans sa victoire ; voici le tranquille séjour de Pitlochry, et bien d'autres sites rapidement aperçus et disparus, comme certaines scènes trop courtes de Shakespeare, qui se terminent quand on commençait à les goûter.

Mon Hindou prétendait qu'une montagne ressemble toujours à une montagne, et un lac à

un lac. Dans la nature, non ; mais dans les des-
criptions, c'est à craindre. J'en ai dit assez sans
doute pour donner une idée de ce pays sauvage
et solitaire, où Walter Scott a promené nos jeunes
rêves : les Highlands.

De Glasgow à Oban

La partie la plus solitaire de ce pays de
solitudes, les Highlands, c'est la côte de l'ouest,
avec ses îles rocheuses, frangées d'écume, et bai-
gnées d'une atmosphère brumeuse, où se jouent
les rayons obliques des pays septentrionaux.

C'est un pays de rêve et de mystère.

Les châteaux forts en ruines, anciennes demeures du Seigneur des Iles, semblent de vieux
rochers déchiquetés par la tempête, et certains
rochers, murs basaltiques qui s'élèvent au-dessus
de l'Océan, ressemblent aux remparts écroulés
d'une cité géante.

Là où la forme arrondie des sommets permet
au gazon de pousser, on aperçoit quelques rares
troupeaux autour de quelques rares maisons.

Au passage quotidien du vapeur, une barque
se détache et vient recueillir les lettres et les
passagers, s'il y en a. Seul point de contact qui
relie les insulaires au reste de l'humanité. On se
demande ce que doit être la vie dans ces solitudes, pendant l'hiver.

Il y a de ces îles qui reçoivent la visite du prêtre tous les trois mois. Le diocèse d'Oban comprend toutes les îles de l'Ouest et une grande étendue de la côte ; c'est assurément un des plus grands d'Angleterre. Ajoutez que les populations sont en grande partie catholiques. Car, dans les Highlands, on a conservé la foi des ancêtres. Eh bien ! le diocèse d'Oban est desservi par vingt-deux prêtres. Cela donne une idée de la rareté de la population.

Ce diocèse, si faiblement peuplé, ne doit pas non plus être très riche, si j'en juge par sa cathédrale provisoire, qui est en tôle.

Voilà dans quelle sorte de pays on s'engage lorsqu'on quitte le port de Glasgow à bord de la *Columbia*. C'est une région qui, par sa nature même, est restée plus primitive que les autres. Les touristes y paraissent si petits qu'ils n'en dérangent nullement l'austère solitude.

Ce pays fantastique, Walter Scott l'a chanté dans son poème *Le Seigneur des Iles*. Les vieilles forteresses, les déserts rocheux de Skye, le temple naturel de Staffa, les ruines sacrées d'Iona, les bords escarpés de Mull et les sommets d'Arran, tout cela revit dans cette œuvre, avec les anciens maîtres de cette orageuse contrée. Sur les pas de Robert Bruce, le libérateur futur, alors fugitif dans les Hébrides, le poète nous conduit dans ces étranges domaines, qui formaient une sorte de royaume à part.

Bien que ce poème n'ait pas eu la vogue de ses aînés, il ne périra pourtant pas, car les sites

merveilleux qu'il a célébrés sont là pour garder
l'écho de son chant.

En se rendant de Glasgow à Oban, on éprouve
la sensation de passer de la civilisation au désert.

Glasgow est la plus grande ville du Royaume-
Uni, après Londres bien entendu ; ville d'industrie et de commerce, avec assez peu de monuments anciens, à part la cathédrale, sillonnée de
grandes rues droites que parcourent les tramways,
animée d'une foule grouillante et active, c'est un
type de cité moderne. Oban, au contraire, village formé d'hôtels, comme Chamounix, est situé
en face des premières Hébrides, séjours du silence
et de la paix.

On sait que Glasgow contient les premiers
chantiers du monde pour la construction des navires. En descendant la Clyde, on passe entre deux
files de hautes carcasses, appuyées sur des étais
de bois, le bec dirigé vers le fleuve, où on les
fera glisser quand elles seront terminées.

On les voit à toutes les périodes de la construction : quelques-unes ne font encore qu'arron-
dir leur ventre rouge ; sur d'autres les charpen-
tiers terminent les cabines du pont ; déjà tout est
prêt, et on a le spectacle d'un immense vaisseau
monté sur des échasses.

Les marteaux se renvoient d'une rive à l'autre
le bruit métallique de leurs coups. Cet incessant
ramage ne s'arrête pas une minute ; tout petits
les hommes s'agitent sur les échafaudages, comme
des abeilles qui construisent une ruche.

Quand le marteau aura suffisamment retenti sur les boulons et les plaques de fer, on coupera les étais, et le navire viendra faire son plongeon dans la Clyde. Puis il partira, qui sait pour quels bords lointains ?

Que deviendront ces carcasses rouges qui, comme des bêtes énormes, semblent se pencher sur le fleuve pour en garder le passage ? Sous quels climats iront-elles promener le nom de Glasgow inscrit à leur poupe ? Sans doute quelques-unes feront naufrage et verseront dans la mer la grappe de vies humaines qui leur sera confiée.

D'autres vieilliront déshonorées et seront vendues aux enchères comme vieille ferraille. Il y a longtemps que ce bon Horace l'a dit : Quelle que soit la beauté d'un ouvrage, il est voué à la destruction : *Debemur morti nos nostraque*.

Les chantiers de construction ont cessé. Le fleuve coule entre deux rives plates relevées d'une dentelure de montagnes dans le fond. Au bord même de la Clyde, au milieu de la plaine, voici que s'élève un rocher isolé, à pic, surmonté de vieux remparts, forteresse sans doute imprenable jadis. C'est le château de Dumbarton, qui joua son rôle dans l'histoire d'Écosse.

Puis les montagnes se rapprochent. On dépasse Greenock, Gourock, Rothesay, séjours favoris des Écossais pendant la belle saison, et l'on s'engage dans le pittoresque détroit de Bute.

C'est là que commence ce paysage des côtes dont je parlais plus haut. La mer, resserrée entre les hauteurs, projette des bras étroits et longs, sortes de fjords qui s'enfoncent dans les montagnes et vont presque rejoindre les lacs de l'intérieur. La solitude s'établit, et un grand silence vous envahit, quand vous avez encore dans l'oreille l'écho des marteaux de la Clyde.

Je voudrais qu'on laissât le voyageur jouir en paix de cette solitude ; mais non : un petit orchestre s'établit sur le pont, et, malgré le vent qui en emporte autant qu'il peut, nous serine les flons-flons d'une musique quelconque.

Le bateau sort enfin du tortueux défilé, et, tout heureux de pouvoir suivre une ligne droite, s'enfonce directement dans un fjord, Loch Fyne, et part au son des violons vers les régions septentrionales.

A Ardrishaig, nous quittons le magnifique steamer *Columbia*, pour nous entasser debout dans un tout petit bateau, la *Linnet* ; nous avons à traverser un canal qui coupe par le haut la longue presqu'île de Cantyre, et nous évite un détour de plus de 100 kilomètres.

A Crinan nous reprenons la mer, et nous entrons vraiment dans les Hébrides. La longue vague de l'Atlantique, pénétrant entre les îles, commence à soulever le bateau d'un mouvement puissant et lent. Des déserts de rochers et de gazon nous entourent de toutes parts. Aux îles succèdent les îles ; aux détroits les détroits. Des rocs aigus surgissent des flots ; d'autres s'estompent dans une brume lointaine. Nous parcourons un pays fantastique.

Enfin, les hautes murailles de Mull nous abritent de la houle, et passant derrière Kerrera, nous entrons dans la baie tranquille où se mirent les yachts de plaisance et les coquets hôtels d'Oban.

C'est la fin du voyage ; il ne nous reste plus qu'à contempler un coucher de soleil embrumé, qui jette ses teintes rougeâtres sur cette nature sauvage, et dore le lierre de la vieille tour en ruines qui domine le golfe ; on comprend alors que l'imagination des hommes primitifs ait peuplé ces régions d'êtres mystérieux et gigantesques, de divinités puissantes et terribles, jusqu'au jour où Colomban vint dissiper les brumes, et faire briller la lumière de la vraie foi.

STAFFA ET IONA

Staffa est un petit îlot de deux kilomètres de
tour, perdu dans l'Atlantique au delà de la grande
île de Mull, qu'il faut contourner pour y parvenir,
et fameux par ses curieuses formations basaltiques.

Ile des colonnes, voilà ce que signifie son nom ;
elle est formée en effet de milliers de colonnes
prismatiques qui, émergeant de l'Océan, ont fini
par se couvrir au centre d'un dos de gazon où
paissent quelques vaches, mais, sur les bords de
la mer, montrent leurs extrémités noires et inégales, où s'enroulent les varechs, et qui font
trébucher à chaque pas.

C'est comme un vaste pilotis enfoncé dans les
eaux par les géants du temps jadis. Car les géants
ont habité par ici ; ils hantaient les grottes de
l'île, et l'une d'elles, la plus grande, a conservé
le nom du terrible Fingal.

La grotte de Fingal s'ouvre sur la mer. On
y entre en barque lorsque le temps est calme.

Mais, comme le flot était trop remuant ce jour-là, nous y montâmes par un escalier de colonnes brisées.

On dirait une église. La nef, longue et profonde, est formée de piliers noirs, qui supportent une voûte naturelle non moins sombre, et dessinent, dans le fond, une abside presque régulière. Cette nef a 60 pieds de haut, et environ 200 de profondeur.

Le pavé, c'est la mer. Mais c'est un pavé singulièrement agité. Il se soulève et s'abaisse, se brise en une écume jaillissante qui vient lécher les basaltes noirs, et tourbillonne dans l'abside avec un bruit formidable, pareil à des détonations d'artillerie. C'est la mer qui chante dans cette basilique, et Walter Scott la comparait aux grandes orgues des cathédrales. On ne saurait mieux faire que lui d'ailleurs, et je vais citer le passage où il a dépeint les merveilles de cette grotte :

« Dans ce temps-là, les colonnes de Staffa se dressaient, inconnues ; le cormoran y trouvait une retraite sombre et tranquille, et le phoque timide y établissoit sa paisible demeure. Il se jouait sous ce dôme merveilleux, où la nature, comme pour railler les temples que construit l'habileté d'un architecte humain, voulut, semble-t-il, élever une cathédrale à la gloire de son Créateur. C'est pour une si haute fin que jaillissent ses colonnes, que se courbent ses voûtes.

« C'est ce chant si solennel que redit cette houle puissante, qui se gonfle et s'abaisse, et,

quand elle s'arrête dans un repos formidable,
arrache à la voûte une réponse qui se prolonge
en tons variés, et défie les mélodies des grandes
orgues. Ce n'est pas en vain que son entrée fait
face au saint temple de la vieille Iona. La nature
semble dire : Tu as bien travaillé, faible enfant
de la terre ! Ce sanctuaire imposant a coûté bien
des efforts à ton humble puissance ; maintenant,
regarde le mien (1) ! »

De l'entrée de la grotte de Fingal, on aperçoit,
en effet, au-dessus des flots verts, les ruines
d'Iona.

Iona est une autre île, un peu plus grande,
mais fort petite encore, séparée de Mull par un
étroit bras de mer. C'est le lieu le plus sacré de
l'Écosse ; nulle part les souvenirs religieux ne
sont aussi anciens et vénérables ; on y devrait
venir en pèlerin et non pas en touriste.

Sur cet îlot battu des tempêtes débarqua, au
vIᵉ siècle, un moine irlandais, Colum Mac-Felim
Mac-Fargus, qui venait, avec quelques compagnons
aventureux comme lui, chercher un nouveau
domaine à conquérir au Christ. Le hasard sans
doute dirigea sa barque vers ce bout de terre,
peuplé de quelques druides, et, quand il y descendit, avec lui entra dans l'Écosse la lumière de
la foi chrétienne.

C'est d'Iona qu'a rayonné le christianisme dans
ces pays du Nord ; c'est de cette île minuscule
qu'est sorti un souffle de zèle et de prosélytisme

____

(1) *The Lord of the isles,* ch. IV.

qui se fit sentir jusqu'au centre du continent européen.

Le grand apôtre saint Colomban — car ce moine, c'était lui — se fixa donc sur cette terre ingrate, et y jeta les fondements d'un monastère, germe que les vents emportèrent sur les îles voisines, puis sur les côtes, qui se couvrirent à leur tour d'un riche manteau d'abbayes, dont les lambeaux, épars aujourd'hui, attestent l'antique magnificence.

Et c'est pour cela qu'Iona vaut plus qu'une visite, et mérite un pèlerinage. « Cet homme-là serait à plaindre, écrivait Johnson, dont le patriotisme ne se sentirait pas affermi dans la plaine de Marathon, ou la piété échauffée parmi les ruines d'Iona. »

Ces ruines sont de différentes époques. Il n'y en a pas qui remontent jusqu'au fondateur. Les plus anciennes sont deux croix runiques, sculptées du haut jusqu'en bas, qu'on dit être du VIIe siècle, seuls restes des 360 croix qui, d'après la tradition, couvraient autrefois la surface de l'île.

Car la réforme dévastatrice a encore passé par là ; le fanatisme ne connaît pas le respect, et le berceau même du christianisme en Écosse fut profané par ces iconoclastes sauvages, qui brûlèrent les manuscrits, trésor de l'abbaye, violèrent les tombes et brisèrent les croix.

L'une des deux qui restent était élevée en l'honneur de notre saint Martin. Le culte du grand thaumaturge avait déjà franchi les mers. Seul de Français parmi les voyageurs que le ba-

CROIX DE SAINT MARTIN ET CATHÉDRALE D'IONA

teau a déposés dans l'île, je m'arrête un instant
devant cette croix que, dès ces temps anciens,
dans ce coin reculé de la terre, un fils de Colomban avait sculptée en l'honneur de l'évêque de
Tours, le plus populaire de nos saints de France.

Iona était entourée d'un tel respect dans les
premiers siècles du moyen âge, qu'on en fit la
sépulture des rois d'Écosse, d'Irlande et même
de Norwège. Quand les cérémonies funèbres avaient
été achevées dans les sombres châteaux forts des
montagnes, on chargeait le cadavre royal sur une
barque, et la tempête le berçait jusqu'à l'île sacrée
où ses restes devaient trouver le repos. Il est aisé
d'évoquer ces cortèges barbares qui venaient à
travers les brumes et les vagues, et de se figurer
les moines, rangés sur la grève pour recevoir la
dépouille des rois.

Les derniers qui vinrent demander à cette
terre un asile suprême furent Duncan et Macbeth,
la douce victime et l'ambitieux tyran, à qui
Shakespeare a donné l'immortalité. Le rayon de
gloire dont le génie du grand poète a illuminé
ces deux figures jette un reflet sur ce sol qui
contient leurs ossements. C'est ici que Macbeth a
trouvé, sinon le repos, du moins l'immobilité :
dans son sépulcre, inconnu aujourd'hui, s'est
engloutie cette insatiable soif de domination qui
le conduisit à sa perte. La terre a dévoré ses os
et son nom même serait inconnu, si Shakespeare
ne l'avait embaumé dans sa poésie.

Parfois le roi n'attendait pas sa dernière heure
pour devenir un hôte de cette église. On en a vu

descendre du trône d'Irlande et de Norwège, et ensevelir dans le calme du cloître une vie ébranlée par les tempêtes de la grandeur.

Ce sont ces tombes royales que les puritains profanèrent. On a réuni dans le cimetière de Saint-Oran un certain nombre de pierres tombales ; on les a entourées d'une grille, et on les donne maintenant comme les monuments des anciens rois. Mais les savants disent que ce sont en grande partie des tombes de *chieftains*, de chefs de tribus qui commandaient un clan des îles voisines et venaient se faire enterrer dans la terre sainte d'Iona, comme des rois.

Peu importe qui ils aient été. Leurs images de pierre, raides et gauches, dirigent sur le spectateur un regard fixe et immuable ; c'est le passé qui regarde le présent avec des yeux effarés et grands ouverts.

Près de ces tombes, on vénère les ruines de la cathédrale. Toujours des ruines ! Il fallait cela pour compléter la mélancolie des paysages écossais. Quand Jean Knox eut fait décréter la destruction de tous les monastères, la foule stupide de ses partisans se mit à démolir avec une rage égale à la beauté des monuments qu'elle profanait.

La solitude d'Iona ne la préserva point. L'antique cathédrale, où trois siècles avaient mis de leur style, fut découronnée de sa voûte et de ses tours. Aujourd'hui, il reste d'épaisses murailles, des fenêtres flamboyantes, quelques fragments de monastère. Des Anglais arrachent l'herbe qui

COLONNA ... DESTAFFA

pousse dans les murs, et la pressent entre les pages
de leur *Guide pour l'Écosse.*

Que ne sommes-nous en pays catholique !
Peut-être tenterait-on, comme on a fait à Soles-
mes, une restauration du couvent. Des moines
seraient les gardiens des ruines saintes. Un frère
portier, le corps perdu dans un large froc, et la
tête enfouie dans un vaste capuchon, montrerait
les tombes des rois et l'église où chantèrent,
durant tant de siècles, ses frères en religion.

Il y aurait alors une garde sainte pour veiller
sur ces souvenirs vénérables. Cette atmosphère
recueillie est faite pour des moines ; ils seraient
les gardiens des vieilles traditions de saint Colomban, et lui, le grand apôtre, tressaillirait là-haut
de voir reprendre son œuvre interrompue pendant trois siècles.

Mais la jeune Église d'Écosse, reconstituée
depuis peu de temps, a sans doute trop à se
préoccuper de l'existence quotidienne pour songer
à des reconstitutions historiques.

Notre court séjour est terminé. Les canots du
navire viennent nous reprendre. Les ruines de la
cathédrale diminuent à l'horizon de la mer. Nous
tournons l'angle sud-ouest de Mull, entre des
rochers que les flots couvrent d'une bave rageuse.
Iona disparaît. Encore deux heures de navigation
le long des bords escarpés de la grande île, et
nous rentrons dans le port d'Oban.

Tillietudlem et les chutes de la Clyde

Tillietudlem, ce nom familier aux lecteurs des *Puritains d'Écosse*, sorti du cerveau de Walter Scott, est maintenant celui d'une petite gare des environs d'Hamilton.

Là se trouvent en effet les ruines du château de Craignethan, et le romancier, dans une note, nous avertit que ces ruines l'ont inspiré dans sa description de Tillietudlem.

C'est par les *Puritains d'Écosse* que je commençai de lire Walter Scott. J'étais fort jeune, et je me rappelle l'enchantement de cette première lecture. Les scènes en étaient restées si vivement imprimées dans ma mémoire qu'allant en Écosse, je résolus de visiter le théâtre principal de l'action.

Le train me déposa dans une sorte de plaine ondulée, verdoyante et fertile, mais souillée par la fumée noire des mines de houille. De ruines, on n'en voyait pas, et rien n'annonçait le paysage romantique que je m'attendais à trouver.

Sur les indications des paysans, je pris un chemin tranquille, entre deux haies, avec des échappées lointaines sur des collines largement renflées ; on eût dit le calme champêtre d'un paysage anglais.

Puis une vue s'ouvrit sur une vallée profonde, boisée, riante comme un fond de vallée suisse, et de l'autre côté, je vis à mes pieds les ruines cherchées, un mur d'enceinte croulant et des tours carrées que le lierre envahissait.

C'était Craignethan, autrement dit Tillietudlem. Au-dessous des ruines se creusait un ravin profond, où un sentier me conduisit en quelques minutes, et je me trouvai tout d'un coup transporté dans un vrai paysage de montagnes, avec des rochers à pic et un torrent fougueux qui grondait comme s'il eût été natif des Highlands.

Il arrive en effet que, dans les basses terres d'Écosse, au milieu des champs cultivés, des cheminées d'usine, d'une plaine dont le vaste horizon ne découvre aucun sommet montagneux, s'ouvre une vallée sauvage et pittoresque, où l'on se trouve tout d'un coup perdu, dans le fouillis des roches et des bois, au bruit assourdissant des eaux qui se hâtent, avec parfois une vieille ruine verdoyante qui complète le tableau, et la magie des souvenirs poétiques qui colore tout de son enchantement.

Il faut du soleil sur un tel paysage ; le soleil est le grand peintre ; c'est lui qui distribue sur les cimes des arbres l'ombre et la lumière, et se joue à travers les feuillages jusqu'au flot sombre où ses reflets allument des étincelles. Les plus doux souvenirs que j'aie rapportés de mes voyages sont ceux des jours de soleil.

Le soleil, qui ne se prodigue pas en Écosse, fut mon compagnon ce jour-là. Je lui dois une heure charmante passée au fond de ce ravin, à rêver aux choses du temps passé, à reconstituer par l'imagination les scènes du roman, à me laisser pénétrer du charme envahissant de ces lieux.

Puis un sentier me conduisit le long du torrent à une route qui rejoignait la vallée de la Clyde, et je partis à pied pour voir les trois grandes chutes de ce fleuve.

Autre paysage de rochers et de sauvage grandeur au milieu d'un pays cultivé et paisible d'aspect.

La petite ville de Lanark, juchée sur une hauteur, domine toute la vallée de la Clyde ; mais, sous l'épaisse fourrure des bois qui la couvrent, il est impossible de deviner où se trouvent les trois cataractes.

Il faut toujours compter sur une certaine déception quand on va voir un spectacle très vanté. Les chutes de la Clyde valent pourtant leur réputation, tant pour le volume d'eau et la hauteur des cascades, que pour la beauté de l'environnement.

La plus intéressante est, à mon goût, celle du milieu, qu'on appelle Cora Linn, où le fleuve, surpris de voir la terre lui manquer, fait un bond de 85 pieds, et tourbillonne quelque temps en grondant dans un gouffre profond, avant de reprendre ses sens et son chemin.

Le cadre n'est pas moins beau que le tableau, et la promenade, d'une chute à l'autre, valait la vue des cascades elles-mêmes. Vieux arbres séculaires, rochers contournés et rongés par l'eau, chant solennel des flots dans cette solitude, tout fait de cet endroit un des paysages les plus impressionnants qui se puissent voir. Mais, une fois qu'on en est sorti, c'est fini. Au delà de la dernière chute, après le dernier arbre, se trouvait un champ d'avoine ; le paysage changeait complètement d'aspect.

Comme je revenais à Lanark, enivré de verdure et de soleil, bercé du bruit lointain des eaux, je rencontrai les mineurs qui rentraient, noirs de charbon des pieds à la tête, et, d'un pas fatigué, regagnaient leur maison. J'avais vu la surface splendide de cette terre privilégiée ; voilà des hommes dont la vie est de lui fouiller les entrailles, qui n'ont point joui de ce beau soleil, et n'en verront que les derniers rayons ; qui, pendant que je me promenais, ont passé leur journée accroupis dans des galeries étroites, et peut-être se redressent pour la première fois à cette heure.

Il faut donc, pour que je puisse ce soir retourner par le train à Glasgow et demain prendre le bateau pour Oban, que ces hommes se privent d'air et de lumière et ne puissent jeter qu'un coup d'œil rapide sur cette belle nature d'automne, que, d'ailleurs, ils ne songent même pas à regarder.

J'avoue que cette longue procession d'hommes noirs me fit songer. Nous avons fait des progrès immenses, et dont moi, voyageur, je suis reconnaissant, puisqu'ils me permettent de voir une

CHUTES DE LA CLYDE

foule de choses qui, sans cela, seraient hors de ma portée. Mais il y en a qui les paient bien cher.

Et je me rappelai que Louis Veuillot trouvait la France bénie de ce qu'elle n'a pas autant de houille que l'Angleterre, parce qu'elle engloutit moins de ses enfants dans l'horrible travail de la mine, et qu'ils restent à travailler la terre à la vue du ciel de Dieu.

Je n'en pris pas moins le train pour revenir à Glasgow. Tout ce trajet se fait en un pays d'industrie métallurgique. Dans la nuit, les fournaises lancent des gerbes de flammes ; de grands candélabres éclairent la cour des usines ; les forges étincellent d'un feu rouge. On dirait qu'on traverse une région infernale.

Je me sens mieux à l'aise dans la solitude des Highlands.

Abbotsford

Le nom de Walter Scott est souvent venu se
placer sous ma plume quand j'ai voulu évoquer
mes souvenirs d'Écosse. Et c'est justice. Car le
grand écrivain a si intimement lié son nom à celui de son pays, qu'il est impossible aujourd'hui
de les séparer.

L'alliance de la poésie et de la nature augmente
les charmes de l'une et de l'autre. Il y a un rayonnement nouveau sur un beau paysage quand un
grand poète l'a chanté. Et la beauté d'un lieu,
qui est impérissable, conserve avec elle le souvenir de l'écrivain qui s'en est inspiré.

« Scott fut sage, écrivait Thomas Moore, de
rattacher sa poésie à de beaux sites. Tant que le
site garde sa splendeur, la poésie vit avec lui. »

On visite les scènes qui ont ému les hommes
de génie, pour y retrouver le secret de ces émotions et participer aux impressions de leur âme.

Le rocher de Loreley se dresse sublime au-dessus du Rhin. Mais on le contemplerait avec plus
d'indifférence sans l'atmosphère de poésie qui flotte
autour de ses formes hardies, et les Allemands

vont le voir au déclin d'un beau jour, pour le contempler tel que Heine l'a décrit, dans l'éclat du soleil du soir.

Or, parmi les écrivains qui ont demandé la gloire littéraire aux spectacles de la nature, il n'en est pas qui se soient identifiés à un pays comme Walter Scott. Il a été, pour le public des lecteurs, le peintre toujours aimé de l'Écosse, cette contrée sauvage et pittoresque inconnue avant lui.

Ce pays, qu'il aimait parce que c'était le sien, et parce qu'il l'avait parcouru des Orcades jusqu'à la frontière anglaise, il s'en est constitué le peintre, et l'enchantement de son imagination en a fait un tableau coloré, vivant, plus beau que nature parfois, mais toujours bien particulier, bien précis, bien écossais en un mot.

Et la terre qu'il avait tant aimée ne lui fut pas ingrate ; il lui doit assurément le principal intérêt de ses œuvres.

Quand il s'aventure ailleurs, en France ou en Angleterre, il a toujours la même imagination brillante, la même puissance de résurrection historique. Mais ce n'est plus notre Walter Scott préféré, celui qui nous a ouvert un monde nouveau, qui a trouvé, dans les rudes mœurs des clans ou la chevalerie des Borders (1), une inspiration plus originale et plus près de son cœur.

Quentin Durward est, sans doute, bien intéressant, mais il y manque ce paysage qui, selon Bernardin de Saint-Pierre, forme le fond du tableau de la vie humaine.

(1) Région de l'Écosse qui avoisine l'Angleterre.

ABBOTSFORD VU DE LA TWEED.

L'auteur y parle de ce qu'il n'a pas vu, et sa Touraine, qu'il peuple d'oliviers, ne peut nous intéresser autant que les vallées des Cheviots et les sommets austères des Grampians.

Quand il parle de l'Écosse au contraire, c'est en connaissance de cause. Il s'était saturé de cette vue dès sa plus tendre enfance ; il avait erré partout, observé, sollicité les souvenirs des vieillards, et, quand il écrivit, ces paysages qui le hantaient se dessinèrent d'eux-mêmes dans ses œuvres, et leur donnèrent une saveur particulière qui les fit vivre.

Les poèmes par lesquels il débuta peuvent être d'ingénieux pastiches des anciennes ballades ; ce ne sont cependant pas de simples pastiches, puisqu'on les lit encore : une œuvre artificielle ne saurait soutenir le regard d'un siècle de lecteurs.

Ce qui les sauve, c'est le sentiment de la nature et des mœurs écossaises.

Ces poèmes ont vécu de l'Écosse, dont ils sont comme les produits naturels. Les Borders revivent dans le *Chant du dernier Ménestrel* et dans *Marmion*, les montagnes dans la *Dame du Lac*, et les Hébrides brumeuses dans le *Seigneur des Iles*.

Les romans qui suivirent ne sont pas seulement une histoire vivante et dramatique de l'Écosse ; ils forment le guide le plus pittoresque et le plus attachant de ce pays.

Voilà pourquoi le voyageur qui a tant soit peu lu de Walter Scott ne peut faire un pas dans la vieille Calédonie sans rencontrer le souvenir du barde illustre. Pour lui rendre une pleine justice, il faudrait avoir lu tous ses romans, et parcouru toute l'Écosse.

Aussi est-ce presque un devoir d'inclure dans son voyage une visite à Abbotsford, ce château qu'il éleva lui-même, avec le fruit de ses ouvrages, et qu'on a appelé un roman de pierre et de chaux.

Il avait acheté une maison de campagne sur les bords de la Tweed, si petite qu'il écrivait dans la même salle où jouaient ses enfants, pendant qu'on faisait de la musique à côté de lui.

Peu à peu, à la place du cottage, s'éleva une demeure seigneuriale, irrégulière d'aspect, mais dont la décoration intérieure fit un véritable palais.

Tous les motifs de cette ornementation sont pris à des monuments écossais, la plupart aux ruines de Melrose, où le sculpteur put trouver nombre de fantaisies délicates et infiniment variées.

C'est là que le malheureux grand homme, après avoir connu les joies de la fortune et de la gloire, fut atteint par la catastrophe qui le chargea tout d'un coup d'une énorme dette. Comme plus tard Lamartine, il eut recours à sa plume pour faire face à ses obligations ; il se surmena et se tua de travail à ce bureau que l'on conserve avec une pieuse fidélité.

C'est là que, revenu d'Italie où le gouvernement l'avait envoyé pour refaire sa santé, il se fit approcher de sa table de travail, prit sa plume, essaya d'écrire, et, voyant que ses doigts défaillaient, comprit qu'il fallait mourir.

UNIVERSITÉ D'OXFORD.

On a conservé le petit musée de souvenirs écossais dont il avait orné sa demeure, en y ajoutant quelques-uns de ses souvenirs personnels. Là se trouvent la claymore du bandit au grand cœur, Rob Roy, et la fameuse bourse décrite dans le roman de ce nom ; là aussi le crucifix que Marie Stuart baisa sur l'échafaud.

Walter-Scott aimait tant l'histoire de son pays que cet amour fit tomber en partie ses préjugés de protestant. Assurément, il n'a pas toujours traité les catholiques comme nous le voudrions. Mais il faut se remettre dans le milieu où il vivait, et songer que son œuvre fut une réaction contre le fanatisme étroit de beaucoup de ses compatriotes, qui ne voulaient voir dans l'Église romaine que la Femme écarlate assise sur les sept collines, et qui avait enivré le monde du vin de sa prostitution.

Par sa sympathie curieuse pour le moyen âge, par la vie posthume dont il a animé les vieilles abbayes d'Écosse, par l'esprit de justice qui lui fit reconnaître de hautes qualités dans les héros catholiques, Walter Scott fut un initiateur ; grâce à ses romans, de nouvelles idées pénétrèrent dans les esprits, et on peut le saluer comme le précurseur du mouvement d'Oxford, dont a tant profité le catholicisme.

Abbotsford est donc plus qu'un château élevé par le caprice d'un artiste millionnaire. C'est la relique d'un homme qui a fait date dans l'histoire des idées, et dont l'influence, tout bien pesé, fut bonne.

MELROSE ET DRYBURGH

Je l'ai déjà dit : la plupart des monuments
écossais sont des ruines. Parmi ces ruines, une
des plus belles assurément est celle de l'abbaye
de Melrose.

Cette église, jadis splendide, dut son origine à
saint David, roi d'Écosse, grand fondateur de
monastères. Les Anglais la détruisirent. Mais
Bruce, Le libérateur, la releva ; on continua d'y
travailler au XVe siècle, et la plus grande partie
des ruines date de cette époque.

C'est encore aux partisans de Jean Knox que
nous sommes redevables de cette mutilation. Toute
la grande nef a été jetée par terre ; il reste les
murs et les fenêtres des bas-côtés, une massive
tour centrale, et les ruines d'un chœur qui dut
être un des plus beaux de l'art gothique.

Les délicates sculptures, qui faisaient la gloire
de cette église, ont subi les outrages de la rude
main du temps et de la main plus rude encore
des sectaires.

Maintenant l'herbe envahit le sommet des

murs, et des arbustes même y déploient triomphalement leur panache vert, témoin de l'éternelle vitalité de la nature, qui nourrit la vie de la mort même, et met son sourire où les hommes ont fait des ruines.

Et pourtant, ce sanctuaire était respecté entre tous. Là fut déposé le cœur de Robert Bruce. La légende l'entourait d'un prestige superstitieux ; on y montrait la tombe de Michel Scott, le grand sorcier, celui qui, dans une nuit, fendit en trois la montagne voisine des Eildons, pour occuper un démon qui l'importunait.

Les Eildons dressent encore près de là leurs trois sommets distincts, et Michel Scott repose toujours dans le sol de l'église, mais sous la voûte du ciel ; le sanctuaire a été profané : on n'y chante plus les hymnes saintes ; au lieu des moines en froc qui passaient silencieusement sur sa tombe, on voit des touristes qui se promènent le chapeau sur la tête, leur Bœdeker à la main.

De grandes fenêtres flamboyantes sont restées debout ; celle qui termine le chœur est de toute beauté. Les églises d'Angleterre, qui n'ont pas d'abside, la remplacent par un immense vitrail aux innombrables meneaux.

A Melrose, quand le vitrail tomba sous les coups des puritains, les meneaux restèrent, se détachant, fluets et gracieux, sur le fond du ciel. Malgré quelques mutilations, les minces colonnettes de grès rouge sont encore là, reliées entre elles par des dessins d'une légère fantaisie, qui donnent à cette vaste fenêtre quelque chose d'aérien et de souverainement délicat.

RUINES DE MELROSE

« On dirait que la main d'une fée a tressé
l'osier entre des peupliers élancés, en combinaisons
capricieuses, puis a jeté un charme quand l'ouvrage fut terminé, et changé les guirlandes de
saule en pierre (1). »

Walter Scott voulait qu'on vît les ruines de
Melrose à la clarté de la lune. Le malheur est
que, lorsqu'on est de passage dans un pays, on n'y
peut commander un clair de lune à son gré.

Dans le jour déjà la scène est pleine de mélancolie. Les ruines sont au milieu d'un cimetière.
Les voûtes absentes, les sculptures brisées, les
murs envahis par la végétation, tout reporte l'esprit à un temps lointain où ces parties écroulées
avaient leur place dans un édifice entier.

L'œil suit les lignes des piliers qui sont restés,
et, les continuant en esprit, les rejoint par une
voûte hardie. Les sculptures mutilées se complètent ; l'église reprend son peuple de pierres ; les
stalles historiées ornent le chœur ; l'étincellement
des vitraux remplace le bleu du ciel entre les
meneaux des fenêtres, et la psalmodie des moines monte jusqu'aux ogives et fait frémir les cloches de la cour.

Il y a plus de trois cents ans que les cloches
du couvent n'ont résonné sur cette petite ville de
Melrose, qu'elles ont tant de fois égayée pendant
le moyen âge. Les puritains ont supprimé toute
la poésie du christianisme, tout ce qui parlait au
cœur du peuple. Sautant par-dessus l'Évangile,
qu'ils n'ont guère lu, ils sont retournés à la loi

____

(1) *The lay of the last Minstrel.* (Chant II, II.)

de crainte ; quand on dit que la Bible a pénétré leur vie, il faut l'entendre de l'Ancien Testament. Ils ont ignoré qu'un message d'amour et de pardon était descendu sur la terre, et leur religion est devenue grondeuse et maussade, étroite et sectaire.

Melrose, l'œuvre délicate et sublime, devait attirer leur colère ; quand même ils n'eussent pas eu la haine des moines, l'art était pour eux un péché ; et comme ils proscrivaient la musique, ils démolirent l'architecture.

Assurément, leur vandalisme donna à l'œuvre de l'architecte inconnu un charme nouveau : la poésie des ruines. Mais, quelque sensible que je sois à ce genre de mélancolique beauté, j'aimerais mieux voir l'abbaye debout et des moines dedans.

Un autre reste des temps monastiques se dresse non loin de là ; c'est l'abbaye de Dryburgh : reste plus informe, car les destructeurs l'ont encore moins épargnée.

Au point de vue de l'architecture, ces ruines n'offrent pas autant d'intérêt que celles de Melrose, parce qu'il n'en reste pas beaucoup ; mais elles sont mieux situées. Entre de grands arbres, dont peut-être quelques-uns ont vu les moines, non loin des bords escarpés de la Tweed, s'élèvent des pans de murailles rouges, qui permettent de reconnaître l'emplacement d'une vaste église ; çà et là une arcade se dessine encore, ou bien une fenêtre ogivale du XIIIᵉ siècle permet d'apprécier la date de ces débris.

CHAPELLE DE LA VIERGE ET TOMBE DE WALTER SCOTT, ABBAYE DE DRYBURGH

Il reste aussi une partie du monastère, la
salle du chapitre, le réfectoire, les cloîtres, les
communs. Un air frais et humide est renfermé
sous ces voûtes épaisses ; les murs montrent leurs
pierres à vif : c'est l'abandon, la tristesse, au milieu
de la joyeuse exubérance de la végétation.

Assis sur un banc solitaire au milieu des ruines, je me demandais si les abbés par qui furent
élevées ces fières constructions avaient jamais
prévu qu'elles seraient un jour un amas de pierres
brisées. Après tout, ils devaient savoir que rien
ne dure sur la terre, non pas même les monuments qu'on élève à la gloire de Dieu.

Mais, si quelque vieux moine, prosterné dans son
oraison, a jamais eu la vision prophétique de ce
que je vois maintenant, son cœur a dû s'emplir de
l'amertume qui désolait Jérémie quand l'abomi-
nation de la désolation entra dans le lieu saint.

La partie la mieux conservée de l'église, c'est
la chapelle de la Vierge. Deux arcades sont restées debout ; la voûte les recouvre encore, et
même au-dessus de la voûte court un fragment de
la galerie intérieure qui faisait le tour de l'édifice.
C'est là qu'est enterré Walter Scott, et à côté de
lui repose son gendre et biographe, Lockhart.

Le grand romancier, trouva dans ses recherches historiques, que sa famille avait anciennement le droit de sépulture à l'abbaye de Dryburgh.
Il voulut être réuni à ses pères.

Ses restes reposent dans une de ces ruines
écossaises qu'il avait tant aimées et tant de fois
décrites. Ces reliques du passé, qu'il vénérait

comme des témoins de l'histoire de son pays, il n'a pas voulu s'en séparer même après sa mort. Lui-même est entré maintenant dans ce passé, et sa tombe est une curiosité de plus pour le voyageur. Combien de temps encore ces arcades mettront-elles à s'écrouler sur la pierre de son tombeau ? Dans combien de siècles les savants discuteront-ils sur l'endroit de sa sépulture, oublié comme tant d'autres ?

C'est en face de cette tombe et de ces ruines que je dis adieu à l'Écosse, tant de fois entrevue comme une vision magique dans les œuvres de cet écrivain, et que maintenant j'ai vue de mes yeux et foulée de mes pieds.

Je l'ai trouvée étrange et mystérieuse dans les Highlands, pittoresque et riche de souvenirs historiques dans les plaines. Quinze jours sont vite écoulés en un tel pays. Quand un voyage aussi rapide vient d'être achevé, il semble à peine qu'il soit réel ; on dirait l'éblouissement d'un beau songe, dont le réveil reste quelque temps tout illuminé.

LONDRES VU D'ENSEMBLE

Londres est immense ; c'est la première impression de l'étranger quand il commence à parcourir cette ville.

Immense bien plus que Paris, étranglé dans la ceinture de ses fortifications, tandis que Londres se répand à l'aise dans les plaines qui l'environnent.

Et d'abord, on ne sait pas où Londres finit. Il n'y a pas d'enceinte, pas d'octroi, pas de commune de Londres.

La poste métropolitaine a bien des limites, qu'on pourrait prendre pour celles de la ville ; mais celles de la police ne sont pas les mêmes.

Maintenant, cependant, l'établissement d'un conseil de comté a introduit quelque unité dans cette énorme agglomération de maisons, et les habitants des quartiers excentriques peuvent à peu près savoir s'ils sont de Londres ou s'ils n'en sont pas.

Londres est immense : on évalue à cinq millions le nombre de ses habitants ; et un habitant de Londres tient autrement de place qu'un habitant de Paris.

En dehors de la Cité, qui est l'ancienne ville, devenue le centre du commerce, où se remue une population d'un million pendant la journée, et qui devient presque déserte à la nuit ; en dehors de la Cité, où les étages sont nombreux, les maisons de Londres n'en comptent généralement qu'un ou deux.

Toute famille aisée demeure dans une maison à part. Il n'y a que les pauvres, ou tout au moins les gens à fortune très modeste, qui logent plusieurs ensemble. Il est vrai qu'ils sont une foule.

En outre, il y a presque toujours, devant la porte qui fait face à la rue, un carré de jardin, et, par derrière, un jardin tout entier.

Londres est donc fait de milliers de maisons séparées, la plupart accompagnées de leur jardin. Et puis, comme il faut aux Anglais de vastes espaces pour respirer et se livrer à leurs sports favoris, on a créé en pleine ville des parcs immenses, qui rappelleraient plutôt le bois de Boulogne que les Tuileries. Hyde Park, avec les jardins de Kensington, qui y sont attenants, ne couvre pas moins de 300 hectares. Victoria Park en a 106, Battersea-Park, 75. Ce sont « les poumons de Londres ».

Quand on est au milieu de cette verdure, que broutent des troupeaux de moutons, au bord des pièces d'eau ombragées d'arbres, on se croirait à

LONDRES, PALAIS DU PARLEMENT.

la campagne, mais dans une campagne très animée, n'était ce grondement sourd et lointain, pareil à celui de la mer, qui trahit la proximité de la grande ville.

Avec de si petites maisons, et des jardins partout, et les trous énormes que font les parcs, il est aisé de comprendre sur quelle vaste étendue les cinq millions d'habitants sont répartis.

Il faudrait presque une journée de marche pour traverser Londres dans un sens ou dans l'autre, depuis l'endroit où commencent les maisons jusque là où elles finissent. On peut faire sept à huit lieues sans rencontrer d'autre perspective que celle des façades de brique ou de pierre.

Si multipliés que soient les omnibus et les tramways, ils n'arriveraient pas à établir une communication rapide entre les points extrêmes de la ville : il faut des chemins de fer.

Tout le monde a entendu parler du Métropolitain, et l'on se figure souvent que c'est la seule voie ferrée dont se servent les Londoniens. Mais le Métropolitain n'est qu'une maille dans un réseau très étendu.

Tantôt le train roule au-dessus des toits et enjambe les rues par des ponts : la ligne est alors formée d'une série d'arches de briques ; tantôt le chemin de fer s'enfonce sous terre, dans la fumée et l'obscurité.

Le transit est si actif sur ces voies, qu'en un seul endroit du Métropolitain, il passe plus de neuf cents trains par jour.

C'est par ces artères que circule la vie. Le matin, les chemins de fer dégorgent dans le centre des milliers d'employés et d'ouvriers, qu'ils reversent le soir dans les quartiers extérieurs.

Souvent le caissier d'une banque ou le commis d'une maison de commerce a son domicile à deux lieues ou plus de la Cité. Il arrive le matin par le train et repart le soir par le train.

Ainsi Londres verse incessamment ses habitants d'un quartier dans l'autre.

Les flots de la foule ne sont nulle part aussi serrés. Quand arrivent six heures, moment où ferment presque tous les établissements, les rues de la Cité deviennent une fourmilière ; les gares sont encombrées, les trains pris d'assaut : on s'entasse jusqu'au nombre de quatorze ou quinze par compartiment ; les derniers arrivés se tiennent debout.

Les omnibus et les tramways sont complets dès leur départ : heureux qui a pu s'emparer d'une place sur l'impériale, et de là contemple, avec la satisfaction d'un homme arrivé, les longues files de maisons uniformes, et le pavé noir de monde !

Dans une demi-heure, la Cité aura vomi le trop-plein qui la congestionnait. Bientôt on entendra, dans le silence, le pas sonore du policeman qui fait sa ronde, et s'assure si les portes des magasins sont bien fermées.

Ce qui frappe encore l'étranger, après la vaste étendue de Londres, c'est le silence qui règne dans cette ville. On court, on se hâte, on travaille, mais on ne parle pas.

Les cochers, perchés impassibles sur le haut de leurs bizarres véhicules, n'ont point la loquacité vulgaire des nôtres ; ils ne s'injurient jamais. Le policeman ouvre ou interrompt la circulation d'un geste de sa main gantée, et tout le monde lui obéit sans récriminer, comme les soldats à un officier. Dans les trains, chacun se tient sur la réserve, et bien rares sont les compartiments où une conversation s'engage.

Un tel silence dans une telle activité ne laisse pas que d'être singulièrement impressionnant. On a la sensation d'être en face d'un peuple fort.

Mais cela ne donne pas l'idée d'un peuple gai ; on éprouverait le besoin de crier et de gesticuler un peu, si l'on osait, pour que quelque chose du moins tranchât sur la morne uniformité de la rue.

Très curieux à étudier dans les différentes manifestations de son immense activité, Londres ne peut pas se vanter d'être une ville réjouissante. Outre que chacun y semble saisi de l'étreinte des affaires, et paraît courir à la bataille de la vie avec le sérieux qu'elle comporte, l'extérieur même de la ville, l'atmosphère qui la baigne, la couleur de ses édifices, tout concourt à la rendre, non pas sans intérêt, mais triste et sombre.

Qu'est-ce qu'une dizaine de beaux monuments dans une aussi vaste étendue ? Cela n'empêche point les maisons de s'étendre indéfiniment, semblables les unes aux autres, égales dans leur platitude.

Et puis, les fumées que rejettent des centaines d'usines et que vomissent des milliers de trains, se mêlent aux brumes de l'atmosphère, qu'elles colorent en jaune ; non seulement ce voile, même dans les beaux jours, intercepte la lumière qui voudrait égayer la ville, mais il se dépose en un enduit noir sur les parois des édifices.

Quoi d'étonnant, puisque, après une promenade de quelques heures, on en a déjà une légère couche sur la figure ?

Aussi les monuments sont-ils revêtus, par endroits, de larges plaques qui semblent les mettre en deuil. Le climat seul suffirait à les assombrir ; la fumée les noircit complètement.

Par un jour de pluie, Londres est lamentablement triste. Mais, quand le soleil joue au travers de cette brume, et glace les eaux des parcs de ses reflets orange, il y a quelque charme dans cette tristesse, qui n'est plus alors que de la mélancolie.

Ce voile qui couvre la capitale est si épais qu'en arrivant, on le voit de loin, avant d'apercevoir les maisons. C'est sous ce dais immense que s'abritent, vivent et meurent cinq millions d'hommes.

Cinq millions d'hommes qui représentent l'échelle sociale, depuis le plus bas degré jusqu'au sommet ; où l'on trouverait depuis le vice le plus abject jusqu'à la plus pure vertu : abîme immense où viennent se rassembler tous les extrêmes de la vie humaine.

Il y a une telle diversité de religions dans cette foule, qu'il ne faut pas moins de 1,500 églises pour pourvoir chaque habitant d'un temple de son culte dans son quartier. Les uns sont de l'Église anglicane officielle, d'autres appartiennent aux baptistes, d'autres aux indépendants, d'autres aux wesleyens, d'autres aux presbytériens, d'autres aux calvinistes, etc.

A côté de cela, l'Église catholique tient vaillamment sa place. La plupart de ses fidèles sont des Irlandais, et son clergé se recrute presque uniquement dans cette nation. Son influence s'étend bien au delà des limites de son bercail ; il n'y avait pas à Londres d'homme plus populaire et plus important que le défunt cardinal Manning.

C'est lui qui fit cesser la grande grève des docks ; c'est lui qui lança les catholiques dans le mouvement social encouragé depuis par le pape.

Je me rappelle l'avoir vu entouré de ses Irlandais, qui l'aimaient tant. C'était à la fête de la Ligue de la Croix (1). Il était au balcon du Palais de Cristal, et les diverses sociétés défilaient devant lui avec leurs musiques et, en passant, l'acclamaient comme un conquérant. Lui, un peu courbé par la vieillesse, drapé dans les longs plis d'un manteau noir, la tête couverte du haut-de-forme, laissait errer un sourire sur les traits émaciés de son ascétique figure et répondait en saluant de la main.

(1) Société catholique de tempérance pour les Irlandais, fondée par le cardinal Manning.

Quelque temps après, la mort le déposait dans la tombe, et sa place n'a pas été remplie.

Londres n'est pas seulement une vaste usine, un immense comptoir de commerce : c'est aussi le port de mer le plus important qu'il y ait au monde.

Quand on roule en chemin de fer au-dessus de l'East-End, on aperçoit, surgissant entre les toits, une forêt de mâts. Ce sont les docks.

Non seulement la Tamise, dans son cours inférieur, admet les navires qui viennent se ranger le long des grands magasins qu'elle baigne — car, sauf en deux endroits, il n'y a pas de quais — mais sur ses deux rives, et surtout au nord, s'ouvrent des écluses qui conduisent à des bassins où, dans l'eau noirâtre, repose toute une population de navires.

Ainsi pénétrant de droite et de gauche entre les rangées d'habitations, le port se mêle intimement à la ville, et c'est un spectacle curieux que celui de ces mâts innombrables que de loin l'on croit voir sortir des maisons elles-mêmes.

C'est toute une cité que ces docks ; des ouvriers qui les animent pendant le jour, il y aurait sans doute de quoi peupler une grande ville. A la nuit, on les ferme, après que toute cette population a défilé devant les policemen, qui s'assurent que l'on n'emporte rien.

Les docks sont le cœur du commerce du monde. Là affluent toutes les marchandises exotiques, depuis les fourrures de l'Alaska jusqu'aux bois

PALAIS DE CRISTAL, PRÈS DE LONDRES.

précieux des tropiques ; de là, partent tous les
produits de l'Europe vers les plages les plus diverses. Chaque pulsation de cet organe central fait
circuler dans le monde le sang du commerce, l'or,
qui va de Londres partout, et de partout revient
à Londres.

Quel monde cosmopolite que celui qui vit et
s'agite dans les docks ! Les vaisseaux qui viennent d'Asie ont un équipage de matelots hindous.
On rencontre des Chinois, des Japonais, et, naturellement, des représentants de toutes les nations
européennes. A l'époque des grandes fêtes musul-
manes, il se trouve toujours quelques milliers de
fils du prophète dans le port de Londres pour
les célébrer en grande pompe et solennité.

Je disais tout à l'heure que c'était une ville ;
vraiment, c'est plus qu'une ville : c'est un monde
en raccourci.

A mesure que Londres s'étendait, les d cks
ont augmenté. Depuis les bassins de Sainte-Cathe-
rine, qui sont au cœur même de la ville, au pied
des murailles grises de la vieille tour, ils s'éche-
l nnent le long du fleuve, presque jusqu'à son
embouchure.

Il faut de la place pour abriter les 70,000
navires qui visitent annuellement le port de Londres. Aussi les nouveaux bassins sont-ils immenses. Celui qui porte le nom de Victoria n'a pas
moins de trois kilomètres de long.

Voilà ce qu'est Londres : une ville qu'il est
difficile de trouver belle, à moins d'y être né ;

mais une ville extrèmement curieuse ; une ville énorme et où tout a pris des proportions gigantesques ; la ville la plus peuplée du monde, le plus grand port du monde, le plus grand amas de richesses et la plus pitoyable réunion de misères qui soit au monde.

Et toute cette masse est vivante, car elle s'accroît tous les jours ; il faut la voir d'une des hauteurs voisines, par exemple des tours du Palais de Cristal, pour se rendre compte de la poussée des maisons sur la campagne.

On voit l'envahissement graduel de la verdure par le flot gris des habitations. Là-bas, c'est la masse épaisse, entassée ; plus près, de longues files de constructions sur les routes, avec des espaces verts dans l'intervalle ; plus près encore, des maisons isolées, sentinelles avancées de la grande ville, qui marche à la conquête de l'espace.

Dans quelques années, les intervalles verts seront comblés, les maisons isolées rejointes entre elles, et de nouvelles sentinelles de briques lancées à la découverte dans les verdoyantes prairies

Les centres qui entourent Londres se développent aussi et poussent vers la capitale, jusqu'à ce que les deux armées de maisons se rencontrent et n'en forment plus qu'une seule. Ainsi furent englobés Greenwich et Woolwich ; ainsi le seront sans doute beaucoup d'autres villes, dont quelques-unes sont fort importantes.

Il faut remonter à l'antiquité, à la Rome païenne, à la Babylone du pays d'Assur, pour trouver un pareil monstre de ville. Encore trou-

verait-on quelque part dans l'histoire un autre
exemple d'un accroissement aussi rapide et aussi
dévorant ?

Car Londres marche à la conquête de l'Angleterre, comme l'Angleterre marche à la conquête
du monde. Évidemment, ni Londres ne couvrira
l'Angleterre, ni l'Angleterre ne possèdera le monde.
Mais où finira cette marche en avant, cette
faim d'espace, *earth hunger,* qui caractérise
l'Anglais ? Il faudra bien qu'un jour ces maisons
s'arrêtent, et que la campagne, toujours vaincue, respire enfin et prenne sa revanche. Il y aura une ruine,
une décadence, puisque c'est la fin de toutes les
choses humaines, et quelle sera-t-elle ?

Actuellement, malgré tout ce qu'on en peut
dire de mal, malgré le paupérisme et l'ivro-
gnerie qui le rongent, Londres est un organisme
fort, qui agit, qui se développe, qu'une vie intense anime et fait déborder sur tout ce qui
l'environne. C'est la période de maturité ; mais
les organismes collectifs s'usent par leur activité
même, comme les individus ; quel sera l'avenir
de cette ville géante, qui effraye l'esprit par l'excès
même de sa force d'expansion ?

D'ailleurs, est-il naturel que tant d'hommes se
réunissent pour vivre les uns sur les autres, dans
des perspectives de brique et de mortier, loin du
soleil et des arbres que Dieu fit pour eux ? Ces
agglomérations énormes sont un fruit des civili-
sations extrêmes ; mais elles ramènent par certains
côtés à l'état primitif de barbarie.

Une grande ville est un désert. Celui qui souffre

y reste souvent sans secours, et celui qui fait mal
échappe facilement à la surveillance. Voilà pourquoi les bandes de voleurs opèrent soit dans les
solitudes, soit dans les capitales.

Londres offre au plus haut degré les inconvénients des grandes villes, parce qu'elle est la plus
grande de toutes. Aussi peut-on se demander
combien de milliers d'existences elle a dévorées,
qui, dans le calme de la province, n'auraient pas
été flétries par d'impurs contacts.

On aura beau multiplier les œuvres philan-
thropiques et charitables, percer des rues, dé-
truire les bouges, prêcher les pauvres, établir des
sociétés de tempérance : on pourra diminuer le
mal, mais non le guérir, parce qu'il est inhérent
à la grandeur même de la ville. Ce corps est trop
vaste pour être sain.

Peut-être ne faut-il pas envier aux Anglais la
gloire de posséder la plus grande ville du m nde.

RADLEY. LA CURE ET SON COLLÈGE

Oxford est bien intéressant, avec ses nombreux collèges, ses clochers et ses églises, legs des siècles, qui ont apporté chacun leur pierre dans la construction de cette ville. On y voit, depuis les monuments, effrités aujourd'hui, qu'y dressèrent jadis les évêques et cardinaux de l'Angleterre catholique, jusqu'aux constructions neuves qui viennent de surgir, et sont encore toutes fières de leur blancheur dans ce pays des teintes sombres. Tant de grands hommes ont reçu dans cette ville la formation de l'esprit, tant de grandes idées se sont remuées derrière les vieux murs de ces collèges, qu'on se sent là au centre même de la pensée anglaise.

Mais on a beaucoup écrit sur Oxford ; tout le monde en a entendu parler ; je voudrais dire un mot d'un petit village qui s'abrite dans un bouquet de grands arbres à deux lieues de là, un village que personne ne va voir, et où j'ai pourtant passé une journée bien remplie.

C'est Radley ; deux ministres protestants, rencontrés par hasard et promenés par moi dans la cathédrale de Chartres, m'avaient invité à leur faire visite, et, en revenant d'Écosse, je voulus profiter de leur hospitalité.

Il y a eu, dans le clergé anglican, à la suite du mouvement d'Oxford, une tendance à se rapprocher de l'Église catholique, à adopter ses croyances et pratiques. Pusey fut à la tête du mouvement ; quelques-uns de ses disciples, plus décidés que lui, ne se contentèrent pas de se rapprocher : ils entrèrent ; c'est ce qui nous valut les cardinaux Newman et Manning. D'autres restèrent comme lui à moitié chemin, et formèrent, dans les rangs de l'anglicanisme, un parti aux délimitations flottantes, celui des ritualistes ou de la haute Église.

Il me semble que nous devons considérer cette évolution dans un esprit de curieuse sympathie, même lorsqu'elle ne va pas jusqu'à nous fournir des recrues. On y reconnaît aisément l'effort sincère d'âmes honnêtes qui veulent parvenir à la vérité.

Mes amis de Radley étaient de ceux qui recueillirent l'héritage de Pusey. A les voir de près, je les ai trouvés si semblables à des catholiques, qu'il semblerait que leur conversion ne tînt qu'à un fil.

Il ne s'agit pas d'un curé et de son vicaire ; les deux ministres que je connaissais font partie d'une petite communauté constituée depuis plusieurs années, et qui compte une douzaine de membres.

ÉGLISE DE RADLEY.

Ils s'étaient établis d'abord à Oxford, où leur demeure portait le nom de maison de Pusey. Ils quittèrent la ville universitaire, où la plupart avaient fait leurs études, pour se fixer au presbytère rural de Radley, une vieille bâtisse enguirlandée de lierre, qui a dû abriter le curé catholique du temps d'Henri VIII. Depuis, on s'est étendu; un nouveau bâtiment a été construit, mais le vieux est toujours pieusement conservé comme une relique des anciens temps.

C'est dans cette retraite solitaire qu'ils ont voulu essayer de la vie commune, et faire reparaître un reflet de ces institutions monastiques que la Réforme jeta si brutalement par terre.

Ils observent le célibat ; dans l'intérieur de leur paroisse ils portent la soutane ; c'est seulement pour en sortir qu'ils reprennent l'habit classique du clergyman anglais.

Leur règlement ressemble à celui d'un couvent : on se lève, on se couche à la même heure; on dîne à la même table, sous la présidence du supérieur et d'une statue de la Vierge, qui domine le réfectoire.

A certaines heures de la journée, il y a réunion dans la vieille église gothique, et l'on récite ensemble les heures du bréviaire. Le soir, tout le monde se rassemble, y compris les domestiques, pour la prière, qui se fait en commun.

L'un de ces congréganistes d'un nouveau genre porte le titre de curé de la paroisse. C'est lui qui prêche le dimanche, qui gouverne l'école et s'occupe du bien spirituel des campagnards.

Il me fit remarquer son cimetière. Généralement les tombes anglaises sont plates ou sans aucun symbole. Mais là, on voit des croix comme en France. Le curé me dit qu'il voulait amener ses paroissiens à cultiver des fleurs sur la tombe de leurs parents, et quelques-uns le faisaient déjà.

Ainsi l'on revenait, dans ce petit village du diocèse d'Oxford, à ces touchantes pratiques du culte des morts, que le catholicisme a si profondément implantées en France qu'elles survivent même souvent aux sentiments religieux.

A quoi s'occupent-ils, ces moines protestants, si l'on peut leur donner ce nom, dans la solitude de leur presbytère de campagne ?

D'abord, ils travaillent. Leur bibliothèque est fort bien montée ; la Bodléienne d'Oxford est à leur disposition ; un quart d'heure de chemin de fer les met à même d'y puiser. L'histoire, la théologie anglicane, le plain-chant même attirent leurs curieuses investigations. Ils sont fort au courant de ce qui se fait en France ; les travaux historiques de M. Duchesne et les études des bénédictins sur les mélodies grégoriennes trouvent là des lecteurs attentifs ; ils ont pris part aux recherches qu'a suscitées la question des ordinations anglicanes. La littérature n'est pas pour eux non plus une terre inconnue. Enfin ils tâchent de se tenir au courant de tout.

Et puis, la prière et le travail n'absorbent pas encore toutes les énergies de leur âme. Ce sont aussi des frères-prêcheurs. Parfois, ils quittent leur village, et vont donner une mission, ou prê-

cher un carême. Ne se dirait-on pas en pays
catholique?

C'est ainsi que l'un d'eux avait évangélisé, pendant le carême précédent, les populations d'un
des quartiers les plus pauvres de Londres,
Limehouse, et le curé catholique de ce quartier, à
qui j'en ai parlé, ne m'en a dit que du bien.

Vraiment, comment se fait-il que ces hommes,
qui se sont approchés de nous jusqu'à paraî-
tre nous toucher, ne franchissent point ce dernier
pas? Pourquoi ne sont-ils pas catholiques ?

Sans doute parce qu'il faudrait le devenir. Il y
a toujours, contre ce changement définitif, les
forces si puissantes de l'éducation, du préjugé, des
circonstances extérieures. S'ils étaient nés parmi
nous, il n'y aurait pas de meilleurs catholiques.

Mais, du moins, ils se sont beaucoup rappro-
chés. J'ai entendu dire quelquefois, par des catholiques anglais, qu'il n'y avait pas d'hommes plus
loin de l'Église que ceux-là, justement parce qu'il
n'y en avait pas de plus près. Comment expliquer
alors que ce soit dans leurs rangs que le catholicisme ait fait ses plus illustres conquêtes ?

Tous ceux de la haute Église ne deviennent
pas romains, à beaucoup près ; mais, par le mouvement même qu'ils ont créé, ils ont déterminé
d'éclatantes conversions. Tous les fruits n'en sont
pas pour nous ; mais, au moment de la maturité,
il en est toujours tombé quelques-uns dans le
giron de l'Église.

Grâce à eux d'une part, aux agitateurs irlandais de l'autre, le catholicisme s'est relevé de la

situation inférieure et du mépris qui l'accablèrent en Angleterre pendant plus de deux siècles. Il n'est plus du tout mal porté d'être de cette religion-là.

Ce petit village de Radley possède encore, à quelques pas du presbytère, un important collège, où s'ébattent deux ou trois cents élèves.

S'ébattent est bien le mot. Car le mouvement, le jeu tiennent une grande place dans la vie de collège en Angleterre.

La plupart des grands collèges anglais sont à la campagne : on a de la sorte l'air pur, l'espace, et une grande facilité de laisser aux élèves cette liberté dont ils font l'apprentissage dès leurs plus tendres années.

Rien ne ressemble moins à nos établissements français. A Radley, il n'y a pas de cour de récréation, mais d'immenses pelouses et des bois où les élèves peuvent courir et s'égarer, sans surveillance aucune, avec la seule obligation d'être de retour au moment fixé par la règle.

Dans tous les collèges anglais, on laisse aux élèves la facilité d'errer aux alentours. Il y a cependant des restrictions à cette liberté, si l'on en juge par l'anecdote suivante :

On dit que le jeune Manning, quand il était au collège, s'écarta un jour des limites permises, et fut aperçu par un professeur qui faisait sa promenade à cheval. Le cavalier vit bien vite qu'il avait à faire à un élève en défaut, et donna de l'éperon à sa monture. Mais Manning franchit

CARDINAL MANNING.

une haie et prit à travers champs. Le professeur dut descendre, attacher son cheval à un arbre et continuer sa poursuite à pied. Faire un détour, revenir au cheval, le détacher et monter dessus fut pour l'écolier l'affaire d'un instant. Il mit la bête au trot et rentra au collège sans avoir été reconnu.

Le futur cardinal n'avait pas perdu son temps aux leçons d'équitation.

Les vastes pelouses dont je viens de parler sont très favorables aux exercices du sport, si chéris des Anglais.

Sur ce gazon coupé ras ont lieu les grandes parties de cricket ou de foot-ball, suivant la saison. D'ailleurs, tout dans le collège rappelle l'importance qu'on attache à ces exercices du corps.

Le dortoir est occupé par des petits, car les grands ont leur chambre à part. Le dortoir se divise, comme dans quelques-unes de nos vieilles maisons, en alcôves qui font à chacun un petit chez soi. Là, le jeune Anglais dispose tous ses instruments de toilette, en particulier la vaste cuvette de fer-blanc et l'énorme éponge qui lui permettent de s'administrer une douche en se levant.

Il n'y a pas de surveillant dans le dortoir. Les plus âgés des élèves sont responsables de la discipline. En parcourant cette longue rangée d'alcôves, je songeais aux scènes de *David Copperfield* et des *Jours d'école de Tom Brown*, à des dînettes furtives au dortoir, à ces longues histoires qu'on se racontait avant de s'endormir, toutes choses qui me paraissaient absolument invraisemblables avec le système français.

Comme les élèves étaient en vacances, on me fit visiter quelques-unes des chambres des grands. C'étaient d'étroites cellules, disposées en éventail autour d'un cercle central, et formant une sorte de tourelle. On y voyait des instruments de sport, des photographies en costumes sportifs, parfois les bottes de chasse du propriétaire absent.

Dans le cercle du milieu se trouvait un fourneau à gaz. C'est là que les élèves viennent faire leur thé. Le thé s'empare de l'Anglais dès le collège, et même avant, et ne le lâche plus ; il boit du thé tous les jours de sa vie, depuis le moment où il a été sevré, jusqu'à ce qu'il rende son dernier soupir.

Et comme chaque Anglais doit savoir faire son thé lui-même, au collège, ce n'est pas la cuisine de la communauté qui s'en charge. A chacun de s'en tirer.

Certains grands ont une position encore plus privilégiée. Les professeurs demeurent dans des maisons séparées du grand corps de bâtiment, au milieu des arbres du jardin, et ils admettent avec eux des élèves qui font pour ainsi dire partie de leur famille, qu'ils suivent de plus près et qu'ils tâchent de former par des soins paternels.

Il est donc très joli d'être un grand élève dans un collège de ce genre : on a son chez soi, une grande liberté, des bois et des prairies, et ce que nous appelons le surmenage intellectuel ne semble pas avoir fait beaucoup de ravages dans ce pays-là.

Mais avant de devenir grand, il a fallu être petit, et passer par certaines épreuves qui sembleraient peut-être dures à nos jeunes Français.

Dans les collèges d'Angleterre, les anciens se font servir par les nouveaux venus, qui sont leurs *fags*.

Un fag est un petit élève qui est attaché à la personne d'un grand, et devient son domestique. Il lui cire ses souliers, lui rôtit son pain pour le thé, lui fait ses commissions et se tient prêt à exécuter ses ordres. Par contre, le grand est tenu, comme jadis le patron romain à l'égard de son client, de défendre son fag envers et contre tous ; s'il y a des coups de poing à donner, c'est lui qui s'en charge.

On devine à quelle tyrannie ce système peut donner lieu dans certaines occasions. Miss Edgeworth raconte l'histoire d'élèves ingénieux qui avaient inventé le fag-bassinoire, et s'en servaient pour chauffer leur couchette en hiver. Le malheureux se fourrait entre les draps gelés d'un premier lit, et, quand la chaleur de son corps l'avait suffisamment bassiné, le propriétaire l'en expulsait pour s'y mettre ; alors le fag grelottant entrait dans un second lit, qu'il réchauffait par le même procédé, et ainsi de suite.

J'avais tant lu d'histoires de cette sorte que je m'informai si le système des fags existait à Radley : assurément, me répondit-on. S'il n'était pas organisé officiellement, il n'en existerait pas moins en dehors de l'autorité, et les abus en seraient bien plus grands.

Il paraît d'ailleurs que la brutalité des collèges anglais, si vivement dépeinte par l'auteur des *Jours d'école de Tom Brown*, s'est bien adoucie dans ces dernières années. On n'est plus au temps où un tyran d'école portait sa victime devant le feu, et la rôtissait jusqu'à ce qu'elle eût perdu connaissance (1).

Malgré cela, les mœurs des écoliers ne sont pas encore aussi douces, les Anglais diraient aussi efféminées, que les nôtres. Il y a toujours un peu de brutalité dans le fond du tempérament anglais. Nous ne sommes pas obligés en France de légaliser la domesticité des petits à l'égard des grands, pour prévenir de plus grands abus.

On reconstruisait la chapelle au moment où je me trouvais à Radley, avec un luxe d'architecture qui en fera un véritable monument. Les élèves y viennent tous les matins. L'éducation est restée profondément religieuse en Angleterre, et c'est une des grandes forces de ce peuple.

Quant à leur système d'éducation, qu'en faut-il penser ? Question fort délicate ; il serait sans doute fort difficile de plier des Anglais à notre rigoureuse discipline, et dangereux d'accorder à nos jeunes nerveux de Français toutes les libertés de là-bas.

Assurément il y a beaucoup de bon dans ces exercices du plein air, même dans cette absence

____

(1) Ce fait est donné comme historique par l'auteur de ce roman. Il serait arrivé au collège de Rugby.

de surveillance qui apprend à l'enfant à se servir de sa liberté, et le trempe peut-être plus solidement pour la bataille de la vie, j'entends la compétition des appétits et des ambitions. Une telle liberté développe cet esprit d'initiative individuelle, qui a donné au peuple anglais une si large portion du monde.

Mais, à côté de ces avantages, il y a bien des inconvénients. Je ne dis pas que rien ne soit à prendre dans le système anglais. Mais il faudrait sans doute réfléchir un peu, avant de le transporter en bloc dans notre pays.

UN CURÉ SAVOYARD

Thonon est une bonne petite ville de province, d'aspect patriarcal, peuplée d'honnêtes gens, si j'en crois les physionomies ; comme elle est moins fréquentée qu'Évian sa voisine, on y peut jouir solitairement de la vue et des rives du lac.

La pluie cessait seulement de tomber quand j'entrai dans la ville. Il restait des fragments de nuages accrochés à la cime des montagnes, et des brumes flottaient dans l'atmosphère humide. J'eus bien vite fait de trouver le lac, et bientôt l'immense et splendide nappe bleue s'étendit devant moi.

Il y avait de tout dans ce spectacle : la sereine majesté des montagnes, l'immensité de l'horizon, la splendeur de ces eaux d'azur, que ridait un souffle léger : grandeur et grâce, sublime fait de paix et de sérénité. Le soleil n'y resplendissait point ; mais la lumière indécise d'un jour de pluie semblait répandre sur le paysage je ne sais quel charme mélancolique ; quelques gouttes d'eau tombaient encore sur cette nature si fraîche et si charmante : c'était comme un sourire mouillé de larmes.

Puis le ciel s'éclaircit ; il s'illumina de soleil, et le lac s'emplit d'un vaste frémissement de lumière qui vibrait jusqu'aux collines lointaines de la Suisse.

Il fait bon, après avoir jeté un coup d'œil d'ensemble sur ce magnifique spectacle, descendre au bord même du lac, s'asseoir sur une pierre solitaire, prêter l'oreille au chant joyeux de la petite vague, claire comme de l'eau de source, qui vient mourir sur les cailloux polis, et suivre de l'œil une voile blanche qui passe au large, gonflée d'un souffle tranquille.

Et pourtant, ce n'était pas seulement pour le lac que j'étais venu à Thonon. Le lendemain, dès le matin, j'en partais par la voiture qui fait le service de la poste pour le Biot.

J'avais parlé philosophie, histoire, politique avec le garçon d'écurie, quand le conducteur, qui depuis une demi-heure me faisait attendre, m'annonça qu'il était prêt. Et donc je m'installai près d'un sac de dépêches, dans la voiture du courrier, encore toute crottée des boues de la veille.

C'était la première fois que j'allais pénétrer au sein des montagnes. Je ne sais pas si aucune excursion m'a laissé une plus pénétrante impression. Il y a dans tout commencement une fraîcheur de sensations qu'on ne peut éprouver qu'une fois.

Le but de mon voyage était un petit village

perché sur la vallée de la Dranse. Là demeurait un curé dont j'avais connu le neveu en Angleterre. Cela suffit pour donner droit à l'hospitalité, dans un presbytère savoyard.

« Qu'allez-vous faire à la Forclaz ? m'avait dit mon hôtelier ; c'est un pays où l'on ne va pas ; il n'y a rien de particulier. » Rien de particulier en effet, si ce n'est cette beauté infiniment variée des paysages de Savoie, qui se révélait à moi pour la première fois.

Et comme ils sont intéressants, ces petits recoins *où l'on ne va pas!* On n'est pas prévenu des endroits qu'il faut admirer, ni encombré de la banalité des touristes genre Perrichon ; et l'on a le plaisir de trouver soi-même, sans l'aide de Bœdeker, combien la nature est belle dans les montagnes.

La route ne tarda pas à s'engager dans la vallée sauvage de la Dranse. Tortueuse comme un serpent, elle rampait et s'accrochait au flanc des rochers, tantôt au niveau de l'eau, et tantôt surplombant un abîme au fond duquel on entendait gronder le torrent.

Par un soleil d'été que les Alpes sont belles !

Mais surtout par un soleil du matin, quand la fraîcheur monte des vallées, et que les premiers rayons se profilent sur les forêts de sapins, mélanges ondoyants d'ombre et de lumière, qui jettent sur l'épaule des rochers leur manteau d'opulente verdure.

Oh ! cette verdure de Savoie, toujours fraîche

et tendre comme aux premières semaines du printemps, quels enchantements elle sème sur la route du voyageur !

Une immense ardeur de végétation semble s'être emparée de la nature ; la vie déborde de partout ; à tous les coins de rocher, partout où l'eau du ciel peut s'arrêter un instant, un arbuste s'est fixé ; il enfonce ses racines dans les crevasses de la pierre, et développe des rameaux vigoureux comme s'il poussait en pleine terre.

Le roc s'anime et se pare pour faire fête à ceux qui passent. Seuls les hauts sommets restent plus sévères dans leur morne gravité ; mais il en descend des ruisseaux chanteurs et coureurs, dont l'œil suit le sillon blanchâtre au flanc des rochers qu'ils noircissent.

Les eaux vives sont partout : minces filets d'eau ou torrents impétueux, sources timides et cascades mugissantes, elles sont la voix de la montagne, voix qui jaillit des sommets, qui monte des profondeurs, voix solennelle comme une hymne d'église, et c'est en effet l'hymne de la nature qui monte jusqu'au trône de Dieu.

Dans l'humide clarté du matin, des attelages descendaient vers Thonon, emportant les bois de la montagne que les bûcherons font glisser le long des pentes abruptes jusqu'au bas de la vallée.

A mesure que le soleil montait, la route s'animait et se peuplait ; charretiers, avec leur courte blouse et leur feutre noir ; ménagères, coiffées de ces chapeaux de paille qu'elles fabri-

·quent elles-mêmes en gardant les troupeaux, allaient et venaient, saluant respectueusement au passage.

Enfin je quittai ma voiture et son silencieux postillon, qui n'avait pas desserré les dents, et dont je n'avais pu tirer que des oui et des non. Je m'engageai dans la route nouvellement faite qui conduit à la Forclaz.

Ce village, situé par 830 mètres d'altitude, à mi-côte des hauteurs qui dominent la Dranse, se compose de quelques maisons groupées autour d'une pauvre église.

Le vieux curé, un vénérable nonagénaire, assis sur un banc devant sa porte, prenait l'air et le soleil du matin, en face des cimes verdoyantes, dont quelques-unes se couronnaient d'un peu de neige fraîchement tombée.

Le bruit du torrent montait d'en bas jusqu'à lui ; mais ce n'était plus qu'un murmure, et là, assis au milieu de son paisible village, il aurait pu se dire, s'il l'avait connu, le vers de Lamartine :

Ici viennent mourir tous les vains bruits du monde.

Je le saluai respectueusement. L'instant d'après, j'étais l'hôte du presbytère. Et parce que le vieillard n'a plus la force d'escalader ces sommets qu'il a tant de fois parcourus, la nuit et le jour, à l'appel des âmes, le jeune prêtre qui le suppléait mit à ma disposition, pour me guider dans la montagne, une complaisance aimable et une vigueur de jambes que moi, fils de la plaine, j'admirais sans pouvoir l'imiter.

Le village est dominé par un sommet rocheux qui se termine à pic et projette hardiment son vaste front couronné d'arbres. C'est là que, dans les beaux soirs d'été, les bergères se réunissent et font retentir des chants qui flottent sur la vallée, et vont réveiller l'écho des monts voisins.

Car les bergères habitent là-haut. Là-haut, l'herbe est fine et drue, les ombrages frais, l'air pur et fortifiant : là-haut, toute brise vous apporte un son de clochettes, ou le parfum d'une herbe odoriférante. C'est la vie pastorale comme on la voit dans les poètes. Les vaches et les chèvres paissent en liberté, jusqu'à ce qu'on les ramène, le midi ou le soir, par des sentiers escarpés vers le chalet.

Nous montions ensemble, le jeune prêtre et moi, moi pour voir la montagne, et lui pour voir les montagnards. Nous fûmes reçus comme des amis dans les chalets, et j'eus un court aperçu de la vie simple et tranquille de ces braves gens.

Le chalet est une habitation d'été ; il abrite pendant la belle saison les troupeaux et ceux qui les gardent ; puis, quand l'hiver se prépare à ensevelir sous la neige cette verte nature, bêtes et gens l'abandonnent et viennent chercher l'abri dans la vallée.

C'est une construction de bois : le sapin en fait presque tous les frais. Le chalet contient l'étable, l'habitation des personnes et une laiterie.

Les lits sont établis sur l'étable ; la cuisine se fait dans la pièce commune. Il n'y a point de cheminée, mais l'ingénieuse fumée trouve moyen de sortir entre les planches du toit.

Il me fallut tout voir et tout goûter, goûter au beurre, goûter aux fromages, à l'eau-de-vie de fruits, à la liqueur amère que l'on tire de la gentiane. Ils me disaient leur vie, leurs occupations, leurs joies, et je leur parlais de choses étranges, de pays où il n'y avait point de montagnes, et où les fromages étaient tout différents de ceux-ci.

Un grand bruit de clochettes nous entoura bientôt. C'était l'heure où rentraient les troupeaux. Il y avait plaisir à voir les petites chèvres noires accourir en bondissant sur les pentes rapides, et venir prendre le sel accoutumé dans la main de la bergère.

Quelle cordiale simplicité j'ai vu régner là entre le prêtre et ses paroissiens ! Quelle bonne franchise ! Quelle mâle familiarité ! Un sourire s'épanouissait sur toutes les figures à la vue de la soutane. Nulle contrainte dans le respect.

Lui leur parle de tout ce qui les intéresse, et glisse à l'occasion dans l'entretien la semence de la bonne parole. D'ailleurs bon à tout, il remet au besoin les aiguilles des montres, et répond à toutes les questions qu'on lui fait.

C'était un charmant tableau que celui de cet abandon familier ; la simplicité des mœurs, l'air heureux et tranquille de ces gens dont la vie est parfois si rude, relevaient encore la saisissante beauté de la nature.

Un peuple chrétien, un pays de montagnes, ces deux belles œuvres de Dieu qui semblent faites l'une pour l'autre, rien ne saurait frapper davantage un étranger venu de la plaine monotone, et d'un pays où le prêtre est un objet de défiance et de soupçon.

Mon Dieu ! pourvu que l'œuvre de destruction ne pénètre pas jusqu'en ces obscures vallées ! On m'a dit que l'entreprise était déjà commencée, et qu'on voulait chasser Dieu des hauteurs mêmes où sa gloire éclate de toutes parts.

Espérons que la foi du savoyard ne se laissera pas plus entamer que les roches de ses montagnes, où le travail de l'homme, si gigantesque qu'il soit, ne paraît jamais que l'œuvre d'un pygmée. Dans la décadence d'une nation, les montagnes sont ordinairement le dernier rempart de la moralité et de la religion.

Après avoir jeté un coup d'œil sur le lac de Genève, dont le vaste sein nous apparaissait, à quatre lieues de là, endormi dans la lumière éblouissante d'un grand soleil, nous redescendîmes au presbytère, pour y partager un simple et savoureux dîner de montagnard.

Puis le jeune prêtre étant appelé par son ministère au chevet de quelque malade, je redescendis seul vers la Dranse.

En travers de la gorge étroite et profonde où ses flots bruyants se précipitent, une roche énorme, tombée là sans doute depuis plusieurs siècles, forme un de ces nombreux ponts du Diable qu'on rencontre en pays de montagnes. Comme le lieu

n'a été que fort peu travaillé à l'usage des touristes, il conserve presque toute son horreur
sauvage.

Je voulus, m'accrochant aux branches et aux
racines des arbres, descendre jusqu'au bord de la
fissure rocheuse où gronde le torrent.

Là je vis ces deux grands murs de rochers à
pic taillés par l'eau ; au-dessus, l'énorme pont du
Diable qui jette d'une paroi à l'autre son arche
naturelle enguirlandée de verdure ; en bas les flots
de la Dranse qui tournoient et courent dans un
élan irrésistible.

Je suis comme perdu dans cette sublimité,
dans ce fracas des eaux, dans cette pittoresque
solitude des bois. Cramponné d'une main à la
tige d'un arbre pour admirer à mon aise la puissante nature, je me sens écrasé par la grandeur
fantastique de cette scène. Nul autre que moi en
ce moment ; il me semble que cette beauté m'appartient tout entière, et je ne remonte qu'après
en avoir rassasié mon âme.

Le retour à pied fut un enchantement ; je
m'arrêtais à chaque détour de la route pour
admirer les nouvelles perspectives de rochers et
de sapins, de prairies et de torrents, qu'illuminaient les rayons du soleil couchant..

Je n'ai jamais joui des montagnes comme ce
jour-là.

QUATRE ÉTAPES

Il y a quelque chose comme un siècle que Chamonix est célèbre. Et parmi les excursions dont ce village est le point de départ, il n'en est pas de plus classique, de plus banale même aujourd'hui que celle de la Mer de glace.

Il en fut autrement jadis. Au siècle dernier, personne ne songeait à venir voir les glaciers et les rochers de cet *affreux* pays. La mode n'y était pas. Ce furent des Anglais qui commencèrent.

Sur cet épaulement du Montanvert, qui domine l'énorme glacier et ouvre une perspective sur les vastes champs de neige d'où il descend, avec, dans le fond, les aiguilles déchiquetées des Jorasses, qui de leurs arêtes aiguës déchirent le ciel, et sur les côtés, deux rideaux de sapins, qu'anime un bruit perpétuel de cascades et de torrents, on vous montre un gros bloc de granit, apporté là et rejeté sur ses flancs par le glacier.

C'est à l'abri de cette pierre que dormirent les deux premiers touristes qui vinrent repaître leurs yeux de ces splendeurs.

Leur exemple fut suivi. A côté du bloc de granit se dresse, toute piteuse dans sa vétusté, une vieille et petite bicoque en planches. Ce fut la première auberge de l'endroit. Chamonix se développait.

Il se développa si bien, qu'auprès de la bicoque on vit bientôt s'élever un chalet plus ample, mieux fourni et sans doute plus cher. La civilisation arrivait.

Enfin, aujourd'hui il y a au Montanvert un grand hôtel en pierres de taille, à plusieurs étages, très confortable, et qui fait payer la vue magnifique dont il jouit.

La pierre, la bicoque en planches, le chalet et l'hôtel sont là côte à côte, témoins du développement de Chamonix, marquant, comme des bornes, les quatre étapes de ce village sur la route de la célébrité.

Eh bien ! je m'imagine que de tous les voyageurs qui sont venus au Montanvert, il n'en est pas qui purent jouir aussi pleinement de cette sublime nature que les deux qui dormirent à l'abri du bloc de granit.

J'aurais voulu être de ceux-là.

LA FORÊT DE THURINGE

On dit en Allemagne la forêt Noire, la forêt
de Bohême, la forêt de Bavière, la forêt de
Thuringe, pour désigner non pas un ensemble
continu de bois, mais un réseau de montagnes
où les sapins alternent avec les cultures, et dont
les fraîches vallées sont dominées par la nappe
flottante des arbres.

La forêt de Thuringe n'a rien de sauvage ;
les sommets y sont peu élevés, les escarpements
rares ; de longs renflements marquent les principaux sommets ; tout y est accessible, et les chemins commodes, aux pentes adoucies, offrent aux
voyageurs des bancs hospitaliers où ils peuvent
se reposer. C'est plutôt un splendide parc qu'un
vrai pays de montagnes.

Le caractère de cette nature, c'est la grâce,
l'abondance, la richesse, mais rarement le grandiose et le sublime. On n'y voit guère le roc
montrer à nu ses ossements gigantesques ; mais
le manteau de parures dont il les recouvre est de
toute beauté. C'est une nature en fête, toute pleine

de sourires épanouis ; insouciante et tranquille,
elle étale pour tous ses grâces faciles et ses beautés complaisantes.

SOLITUDE.

Il est de beaux
spectacles qu'il faut
conquérir à la force
du jarret, et qui se
font payer au prix
de la fatigue et du
danger. On n'arrive
pas à la cime des
Alpes sans mériter
par ses efforts les
beautés sublimes
dont on y jouit.
La nature de Thu-
ringe est bonne et
douce envers tout le monde, et les invalides eux-
mêmes peuvent jouir de tous ses aspects et de
toutes ses séductions.

Le héros du paysage thuringien, c'est le sapin.
On peut en dire autant de toutes les montagnes.
Mais peut-être que nulle part, ailleurs, il n'y a
autant et d'aussi beaux sapins. Quand s'ouvrent
les perspectives lointaines, c'est une longue ondu-
lation de forêts de sapins qui se déroule jusqu'à
l'horizon. Il en est de tous les âges, depuis l'enfant à peine né, qui se cache dans les herbes, et
qu'un écriteau vous prie d'épargner, jusqu'au
vieillard gigantesque, dont l'énorme tronc se pro-
file avec une rectitude parfaite jusqu'à des hauteurs prodigieuses.

Et quand une forêt est faite de ces vétérans superbes, qui s'élancent vers le ciel sans dévier de la ligne droite, comme sûrs d'eux-mêmes et du but qu'ils veulent atteindre, c'est quelque chose à voir. Elle vous apparaît alors comme un orgue immense, aux tuyaux démesurés, digne de la nature et de Dieu ; et le vent qui passe dans cet orgue et le fait frissonner, en tire un accord monotone, plaintif, mais souverainement grandiose et harmonieux.

On comprend que Gœthe ait eu pour ces lieux une prédilection de grand poète, et qu'il les ait chantés dans ses œuvres. Les traces de son passage ont été pieusement conservées. On montre encore la « Roche aux Hirondelles », où il composa, en une journée, après trois ans de tâtonnements, le quatrième acte de son *Iphigénie*. Près de là, dans une maison de chasse, en un moment de méditation solitaire, il écrivit au crayon sur la muraille le *lied* si célèbre en Allemagne.

Sur tous les sommets règne le calme....., etc.

La cabane ayant été brûlée, on l'a reconstruite sur le même modèle, et l'inscription au crayon fut rétablie d'après une photographie.

Le grand poète suivait là son illustre ami le duc de Saxe-Weimar. Car la forêt de Thuringe appartient à ces princes et ducs dont les noms bizarres donnent tant de mal à nos écoliers. Saxe-Weimar, Saxe-Cobourg-Gotha, Saxe-Altenbourg, Saxe – Meiningen , Schwarzbourg – Rudolstadt , Schwarzbourg-Sondershausen, Reuss branche aînée, Reuss branche cadette, et la Prusse par-dessus le marché, découpent ce pays de la plus bizarre façon ; les lignes de frontière se courbent dans tous les sens ; chaque prince possède des enclaves dans les territoires de son voisin ; on songe à ce que devaient être les voyages, quand chacun de ces souverains avait ses douanes particulières. Aujourd'hui, à part les questions d'intérêt purement local, leur autorité est bien illusoire, et ces principautés ne font plus guère qu'affubler de noms rébarbatifs une nature riante et facile.

Quelques promenades dans les plus beaux endroits de la Thuringe donnent vite au visiteur l'aspect général du pays. Pour bien en jouir, il faut du soleil : mais, par un temps sombre, la grâce s'évapore, les sourires s'éteignent ; reste l'illumination de la lumière sur les prairies, sur les masses de sapins, sur les horizons aux longues lignes lointaines. La Thuringe est un des plus jolis pays que l'on puisse voir.

Eisenach, ville insignifiante par elle-même, offre, dans ses environs, les plus belles et les plus faciles promenades. Que l'on reste dans le fond de la vallée de Marie, ou que l'on monte sur les hauteurs dont la dernière croupe porte le château de la Wartbourg, partout ce sont les mêmes grâces et les mêmes richesses, partout aussi la même absence du caractère sauvage des autres montagnes. C'est un pays humain, accueillant pour les promeneurs.

Pourtant voici un nom qui promet quelque

chose de plus extraordinaire : la gorge du Dragon. La gorge du Dragon est la partie la plus
resserrée de la vallée d'Anne, qui, comme il convient, donne naissance à la vallée de Marie : deux
noms restés des temps catholiques sans doute.

C'est une étroite fissure, tortueuse et rampante
comme un serpent, que l'eau s'est ouverte peu à
peu dans le rocher. Au fond roule un ruisseau
que l'on a recouvert pour faire un chemin ; car il
n'y a pas place pour les deux ; les parois abruptes
de la gorge, ses fraîches profondeurs devraient
en faire un asile sauvage et solitaire. Mais là encore une riche végétation vient adoucir l'âpreté
des rochers ; des mousses de vingt sortes différentes s'accrochent à la pierre et la couvrent d'un
tapis flottant et humide ; elles retombent en fila-
ments allongés, tout ruisselants de rosée, et la
lumière affaiblie qui vient d'en haut, se joue timi-
dement dans les gouttelettes de la verdoyante muraille. Je suppose que le Dragon qui demeurait là
ne devait pas être très méchant.

Le plus haut sommet de la Thuringe est la
Tête-de-Neige, qui n'atteint pas mille mètres, et
le chemin qui y conduit d'Ilmenau est vraiment
merveilleux de grâce 'tranquille et typique du
paysage thuringien. On traverse de longues forêts
de sapins ; on a des vues lointaines sur les villages et les vallées ; si la route des voitures n'est
pas bonne — il n'y a qu'en France qu'on sache
faire de bonnes routes — par contre les chemins
des piétons sont larges et 'commodes.

Au sommet, une tour permet de découvrir un

vaste horizon qui va jusqu'aux monts du Harz au nord, et jusqu'aux monts de la Franconie au sud.

Les Allemands ont l'habitude de construire des tours sur les sommets ; c'est une industrie, car, pour monter à la tour, il faut y aller de ses vingt ou trente pfennigs ; mais soyons reconnaissants à ceux qui les ont faites, car, dans ces petites montagnes, boisées jusqu'en haut, on ne jouirait pas de la vue si l'on ne vous élevait au-dessus des vagues flottantes des arbres. Voilà comment, grâce à la tour de Bismarck, ou de l'empereur Guillaume, ou de quelque autre illustration prussienne ou locale, on peut découvrir un horizon de montagnes qui se renflent, s'abaissent, se relèvent, comme les vagues de la mer dans la houle qui suit une tempête.

Schwarzbourg, le *château Noir*, ne mérite guère ce nom aujourd'hui ; il lui vient d'ailleurs, sans doute de ce qu'il est sur la Schwarza, la rivière Noire, qui n'en est pas moins claire comme de l'eau de roche. C'est un des plus jolis points de la Thuringe, et l'un des plus visités.

Autrefois se dressait là le vieux manoir des princes dont les deux lignes collatérales, Rudolstadt et Sondershausen, possèdent encore les alentours. Mais l'incendie l'a détruit au siècle dernier, et les princes l'ont remplacé par un grand bâtiment tout uni, sans caractère, et qui n'a plus pour lui que la splendeur de son site.

Dans une vallée profonde, et dont les pentes rapides sont couvertes de bois vigoureux, un rocher, non moins enguirlandé par la nature, lance son front hardi, que la Schwarza, par un ample détour, enve-

loppe de trois côtés. C'est là que les vieux Schwarzbourg avaient placé leur nid seigneurial, suspendu
au-dessus de la vallée, mais dominé par les crêtes
plus hautes qui l'entourent.

Au pied du château se groupèrent les chaumières des sujets, au bord même du torrent, et c'est
là que se trouve encore le village actuel, avec ses
maisons dont les murs recouverts d'ardoises imbri-
quées, ou bien ornés de bois qui se rejoignent et
se croisent, ont bien l'air particulier des maisons de
Thuringe.

Ce pays est splendide, qu'on le voie d'en haut ou
d'en bas. D'en haut, et particulièrement du sommet
qu'on appelle Trippotein, on plonge dans un entonnoir de verdure, avec, au milieu, les blanches
murailles et les nombreuses fenêtres du château ;
dans le fond, les jolies maisonnettes des paysans.
D'en bas, c'est le roc verdoyant qui monte, et porte
fièrement à son sommet la demeure de ses maîtres.

On aimerait à voir, dans un tel cadre, les vieux
donjons et les vieilles tours qui sont tombés dans les
flammes, et l'on regrette que l'on n'ait pu, comme à
la Wartbourg, conserver ces édifices du moyen âge
qui complètent si bien un beau paysage.

La vallée de la Schwarza est, jusqu'à Blanken-
bourg, une suite ininterrompue de sites splendides,
jamais austères, mais toujours enrichis des prodiga-
lités de la nature. Quand on voyage en pays de
montagnes, on se dit souvent qu'un pays est plus
beau à mesure qu'il est plus pauvre ; mais ici, il
ne semble pas que ce pays puisse être pauvre, tant
les arbres y poussent avec entrain, tant la verdure y

est vivante, tant les routes y sont animées d'attelages
de bœufs et de chevaux qui, lentement, gravissent les
pentes, et charrient, d'un air distrait, les barils de
bière, les provisions diverses, et les produits de
l'industrie locale.

Car Schwarzbourg n'a pas de chemins de fer ; on
n'y accède qu'en voiture ou à pied, et c'est encore ce
qui en double le prix ; car, non seulement le pays
est beau, mais le voyage qu'on fait pour l'atteindre
est une délicieuse promenade, un régal des yeux et
un avant-goût des plaisirs qui vous y attendent.

On disait de la Touraine qu'elle était le jardin
de la France. Bien plus pittoresque que la Touraine,
avec ses routes bordées de sapins comme des ave-
nues, avec ses pentes douces et ses eaux claires, le
charme riant de ses sites et la commodité de ses chemins, la Thuringe est bien le parc et le jardin public
de l'Allemagne.

LA WARTBOURG

La Wartbourg est un des mieux conservés parmi les nombreux châteaux du moyen âge dont les restes couvrent l'Allemagne. Dressée sur une croupe boisée, cette forteresse dominait jadis la plaine d'Eisenach et fermait l'entrée de la montagne. Manoir des landgraves de Thuringe, elle a joué son rôle dans l'histoire, et conserve, grâce à une intelligente réparation, une partie de son ancienne splendeur.

Cette vieille demeure seigneuriale, comme le château de Marbourg, rappelle surtout deux noms célèbres, celui de sainte Élisabeth et celui de Luther.

Sainte Élisabeth a exercé là aussi son inépuisable charité ; Luther y est venu, non pas pour soigner les pauvres, ce qui n'était pas son occupation habituelle, mais pour s'y cacher, écrire et répandre partout le ferment de ses nouveautés. Son protecteur, le landgrave, l'avait censé enlevé et enfermé là ; en réalité, il lui procurait une retraite sûre, où il pouvait travailler tranquillement à sa traduction de la Bible, et couver ses violents pamphlets contre l'Église romaine.

Il y aurait intérêt à comparer ces deux figures, et de prendre, par exemple, la sainte telle qu'on l'a peinte dans les fresques du château, et le moine apostat, tel qu'on l'a représenté dans la statue qui décore une des places d'Eisenach.

D'une part, une figure élancée, svelte, aux traits angéliques, entourée d'une foule de pauvres qu'elle nourrit et console ; de l'autre, un moine trapu, solide, et, dirait Molière, entripaillé comme il faut ; les traits grossiers et vulgaires, fortement accentués toutefois ; la tête rejetée en arrière comme en un défi d'orgueil ; l'expression d'une nature volontaire, sensuelle et brutale ; ce sont les deux extrêmes, et il faut tout le préjugé protestant pour écrire, comme l'a fait un poète allemand, je ne sais plus lequel :

« Quiconque visite la Wartbourg se souvient de trois choses : d'Élisabeth la sainte, des combats de chanteurs, mais surtout de la glorieuse victoire de Luther. »

Pour moi, j'aime mieux sauter par-dessus la glorieuse victoire, et reposer mes regards sur l'idéale figure qui personnifia la piété dans l'Allemagne catholique du XIIIe siècle.

Les combats de chanteurs dont parle le poète, étaient de célèbres luttes de poésie qui se tenaient dans la grande salle de la Wartbourg, semblables à celles que Wagner a illustrées dans ses *Maîtres chanteurs de Nuremberg*.

Le château se compose de plusieurs tours,

et d'un grand édifice aux fenêtres romanes, qui formait la demeure des puissants maîtres de ces lieux. Des peintres modernes ont orné les salles de fresques qui rappellent l'ancienne vie du manoir.

Ainsi, dans la salle des concours, où se réunissaient les plus illustres *Minnesinger* du moyen âge, l'artiste a fait revivre ces scènes d'une brillante civilisation depuis longtemps disparue. Les chanteurs sont là, près de l'estrade aux trois colonnes, où préside Élisabeth ; le bourreau, tout habillé de rouge, attend, la corde à la main, pour faire justice de celui qui aura le plus mal chanté. Mais le vainqueur se jette aux pieds de la jeune princesse, demande et obtient sa grâce. Je ne me porte pas garant de la légende.

Puis ce sont les landgraves qui partent à la croisade, bardés de fer, et fiers de porter la croix sur leur poitrine ; puis des chasses à travers les forêts, et des batailles, et tout ce qui faisait la vie des grands seigneurs d'autrefois.

La salle des banquets est superbe et vaste ; le guide y mentionne que l'empereur y a déjeuné naguère. Ainsi se succèdent les puissances. Un petit seigneur d'autrefois, un simple Hohenzollern, est devenu margrave de Brandebourg ; un des margraves de Brandebourg s'est trouvé nommé grand-maître des chevaliers teutoniques ; il a apostasié et sécularisé ses terres ; la Prusse était fondée. Elle s'est agrandie sous Frédéric II, arrondie des désastres de Napoléon, arrondie des conquêtes de Bismarck, et le Hohenzollern d'au-

jourd'hui honore de sa visite souveraine ces salles
où son ancêtre fut bien petit. Quant aux fiers
landgraves de Thuringe et de Hesse, ils n'existent
plus. La Thuringe et la Hesse sont gouvernées
par le descendant d'un petit prince qui ne pos-
sédait naguère qu'un château dans la forêt Noire.

En un coin du puissant manoir seigneurial s'a-
brite une maison, d'un air plus humble, mais coquette et riante, avec son pignon de poutres entrecroisées et ses petites fenêtres enguirlandées de
verdure. C'est là que demeura pendant un an
celui qui souleva l'Allemagne, et plutôt encore les
princes que les peuples, contre l'Église romaine.

Car ce prédicateur fut ami des grands ; lui qui
prétendait revenir aux premiers temps de l'Église,
ne vivait pas comme saint Pierre, en la compagnie des pauvres gens ; il lui fallait bons repas
et noble compagnie ; à cette condition il pouvait
lancer les tonnerres de son éloquence injurieuse
qui ne rappelle en rien, assurément, le style des
Épîtres. Et, pour plaire à ses protecteurs, on n'i-
gnore pas qu'il alla jusqu'aux plus indignes con-
cessions, et que jamais de ses lèvres ne sortit le
non licet de saint Jean-Baptiste.

On a conservé sa chambre et son bois de lit,
et même son armure. Car il vivait là sous un
faux nom : on l'appelait le jeune Georges, et,
pour dépister les soupçons, il se faisait passer
pour un soldat. Un vieux tableau conserve ses
gros traits ; et c'est tout. La chambre est nue et
triste comme un temple protestant.

En descendant à travers les forêts de sapins,

dans le calme de la nature , j'ai senti que s'effa-
çaient en mon esprit les traits belliqueux du moine
augustin, et que montait, radieuse et pure , la
figure de la sainte catholique, douce aux petits
et bonne aux pauvres, Élisabeth.

MARBOURG

Marbourg est un exemple de la vie locale qui survit encore en Allemagne à la centralisation de l'empire. Chez nous, il y a un grand centre intellectuel, qui est Paris, et quelques autres qui sont de grandes villes.

En Allemagne, grâce aux vieilles universités que la tradition conserve en des villes sans importance, la vie de l'esprit est beaucoup plus disséminée. Les provinces de l'Ouest sont couvertes d'universités, et c'est comme type d'une de ces petites villes d'étudiants que Marbourg est curieux à étudier.

Par chance, les vacances n'étaient pas encore commencées quand j'y arrivai, et les rues fourmillaient d'étudiants aux casquettes et aux écharpes multicolores.

Car ils ont leur uniforme par où ils se distinguent des philistins, qui sont pour eux à peu près ce que le *pékin* est au militaire chez nous. Le philistin, c'est le bourgeois, le marchand, l'homme aux goûts terre à terre et aux vues pratiques, qui se scandalise des folies et des ardeurs de la jeunesse.

L'étudiant s'en distingue donc par une casquette rouge, bleue, jaune, violette, etc., suivant la faculté à laquelle il appartient, et par un ruban, une sorte de mince écharpe de même couleur, qu'il porte en sautoir sous son veston. Il s'en distingue encore par son ton et ses manières, son air assuré, le gros chien qu'il tient en laisse, et les balafres qui ornent son visage.

MARBOURG

Il est vrai que nombre de philistins sont d'anciens étudiants qui eurent, eux aussi, les joues sillonnées de glorieuses cicatrices ; mais l'âge les a effacées, ou la barbe recouvertes. Sur la figure imberbe des jeunes nourrissons de l'Université, ces blessures s'étalent dans toute la fierté de leur fraîcheur première.

Ils en portent presque tous. A part les tout jeunes gens, qui n'ont pas encore eu le temps de s'en

faire tailler, et quelques passionnés de travail, futurs
professeurs, sans doute, à qui le loisir a manqué
pour se battre en duel, on n'en voit guère qui n'aient
quelque ouverture dans la peau de leurs joues, ou
l'égratignure d'un sabre en travers du nez.

Boire beaucoup de bière et se battre en duel
sont les prouesses favorites des étudiants d'Allemagne, surtout des étudiants de dixième année,
et les feuilles comiques regorgent de plaisanteries à
ce sujet. Ce coureur de tavernes, avec ses lunettes, sa
petite casquette posée sur sa grosse tête, sa panse
énorme, ses balafres en X, et son bouledogue à l'air
rébarbatif, fait la joie de la caricature d'outre-
Rhin. On tombe sur lui, comme chez nous sur les
belles-mères ; un éditeur à bout de copie trouve
toujours un bon mot, une historiette drôle sur
l'étudiant de dixième année. On le grossit, on l'exa-
gère : on le fait entrer par distraction — une fois
n'est pas coutume — au cours de son professeur, et
commander en entrant une chope de bière. On raconte
ses démêlés avec son bottier, son tailleur, son propriétaire, ses bourdes aux examens. Cette tête de
Turc du faiseur de bons mots n'est évidemment pas
le type de l'étudiant allemand, qui est une des
forces vives de la nation ; cependant, dans ce grossis-
sement et cette déformation des traits, on en reconnaît quelques-uns qui sont pris à la nature.

Le préjugé du duel, par exemple, et la fierté
des balafres reçues, sont, comme je le disais, à peu
près universels. On se bat presque pour le plaisir
de se battre, et pour avoir l'occasion de recevoir des
coups, et l'on veut que ces coups soient portés en

un endroit visible. Aussi l'on vise à la figure ; mais, comme il s'agit moins de se faire du mal que des entailles que l'on pourra montrer, on protège le cou et les yeux, et au lieu de piquer de la pointe, on donne des coups de tranchant de droite à gauche, et de gauche à droite, en fauchant jusqu'à ce que l'on ait moissonné un bout du nez, ou un morceau de la joue de son adversaire.

Cela est absurde, assurément, ridicule au dernier point, une des plus puériles manifestations de la vanité humaine. Mais, pour eux, c'est glorieux ; c'est presque obligatoire ; à tel point qu'on dit — ce sont les mauvaises langues — que ceux qui ne veulent pas risquer une rencontre, et préfèrent choisir la place de leurs cicatrices, se font eux-mêmes des entailles avec leur rasoir. Et, de vrai, à voir la régularité avec laquelle certaines de ces cicatrices entrecroisées forment un X sur la joue, on se demande si c'est bien le hasard des combats qui a fait cela.

Il faut être en dehors d'un préjugé pour en connaître toute l'absurdité. Ceux qui vivent dans la maison ne s'aperçoivent pas combien elle est mal étayée. Et notre duel, après tout, est-il plus raisonnable ? N'est-il pas aussi, presque toujours, une simple satisfaction de la vanité ? Mais beaucoup de Français n'en conviendront pas, parce qu'ils vivent dans la maison où règne ce préjugé.

En tout cas, il est assurément curieux d'examiner ces visages où s'étale la cicatrice à toutes ses périodes ; la vieille entaille, déjà fermée depuis longtemps, et la nouvelle encore toute rouge, que recouvre une peau tendre à peine formée : et la blessure toute récente, enveloppée dans son pansement d'ouate blanche, qui laisse après elle ce parfum de phénol dont s'embaument les rues d'une ville d'étudiants en Allemagne.

Ces folies n'empêchent pas l'Université de préparer des hommes pour toutes les carrières de la vie. On y boit beaucoup, on s'y bat beaucoup, mais on y travaille aussi beaucoup, et c'est là que se forme cette légion d'érudits qui, pour être un peu pédants, n'en sont pas moins les premiers du monde.

Les étudiants ne sont pas le seul intérêt des rues de Marbourg. Dans l'unification universelle, les Hessois ont encore conservé leur costume. Il n'est pas beau ni élégant ; mais il est curieux. Les hommes, avec leur feutre et leur blouse courte, ressemblent un peu aux travailleurs bretons qui construisent nos chemins de fer ; mais les femmes sont tout à fait particulières. Avec leur jupe verte, carrée, aux plis innombrables, leur corsage aux couleurs vives, et leur petit bonnet conique, orné de verroteries, perché tout en haut de leur tête, elles ont l'air de grosses poupées taillées dans un bloc de sapin.

Tout est raide en elles, leur démarche, leurs gestes, les plis de leur jupe ; et l'habitude qu'elles ont de porter des fardeaux sur leur tête les fait devenir droites comme des figures de bois.

Elles sont bien encadrées par les rues du vieux Marbourg, qui a conservé son aspect de moyen âge allemand.

Le château se dresse sur une haute colline qui domine la vallée de la Lahn, et, sur les pentes les rues montent, descendent, s'infléchissent pour s'adapter aux fantaisies du terrain.

Beaucoup de vieilles maisons sont restées, et les nouvelles ont souvent été construites dans le style des anciennes. Ce sont des enchevêtrements de poutres, des pignons qui surplombent ; là-dessus, de sages inscriptions qui enseignent, en proverbes rimés, l'art de la vie.

Les rues vous offrent à chaque instant de nouvelles perspectives de maisons bizarres, et des escaliers s'en détachent qui montent vers le château, centre autrefois de la ville qu'il protégeait.

Cette vieille cité est posée dans un site enchanteur, non point grandiose, mais gracieux et souriant ; de hautes collines l'entourent, et, sur leurs flancs, les sapins versent leur sombre avalanche ; la vallée est une prairie verdoyante et fraîche ; dans le lointain une cime plus haute se couronne d'un vieux fort. Ce pays est bien digne de la toute gracieuse Sainte qui l'habita.

Car Marbourg est un pèlerinage ; là reposent les os de sainte Elisabeth. Mariée au landgrave de Thuringe et de Hesse, elle a été dans cette verte vallée comme la céleste figure de la bienfaisance. Jeune veuve, elle est venue là secourir les pauvres gens, et quand, à vingt-quatre ans, à l'âge où tant d'autres n'ont rien fait, elle mourut pleine de mérites et fut accueillie pour le ciel, ses protégés accoururent à son tombeau ; et le pèlerinage devint

si fréquenté que de cette tombe germa une belle
église. Les siècles l'ont respectée et elle contient
encore les reliques de sa patronne.

Hélas ! si la sainte revenait aujourd'hui animer
ces ossements et cette poussière, si elle sortait vivante
de cette châsse que la piété des fidèles lui a ciselée,
elle se hâterait de sortir de l'église qui porte son nom ;
car ses restes reposent dans un sanctuaire qui n'est

MARBOURG

plus catholique. Un des landgraves a appelé Luther
dans ce pays, et maintenant la froide religion des
réformés tient ses prêches sous ces voûtes qui
retentirent de tant de cantiques enthousiastes, et
furent témoins de tant de guérisons éclatantes.

La patronne du tiers-ordre de Saint-François est
reléguée dans une sacristie protestante. C'est à peine
si l'on ose murmurer une prière à ce tombeau, qui
est enfermé sous clef, et qu'on montre aux touristes

pour de l'argent, comme une des autres curiosités de la ville.

Il reste malgré tout quelque chose de vénérable, même aux yeux des réformés, autour de ce nom qui fit tressaillir tant de générations catholiques. Il est demeuré populaire dans la Hesse et la Thuringe ; aussi quand on monte au château des landgraves, c'est encore avec l'espoir d'y retrouver quelques vestiges de la Sainte.

Il n'y en a plus. Seul, son souvenir hante les hautes murailles, les grandes salles, la petite chapelle, fort jolie, mais vide et froide maintenant.

Luther encore a passé par là. Dans la grande salle des Chevaliers s'est tenu un concile des premiers Pères du protestantisme ; mais, au lieu que les Conciles catholiques réglaient la discipline et définissaient le dogme, celui-ci ne fut que confusion et dispute, et l'on s'en retourna plus divisé qu'on n'était venu. Chacun avait tiré à soi, et l'on fit là un des premiers chapitres de cette « Histoire des Variations » que Bossuet devait écrire plus tard.

On raconte que Luther, pendant la dispute sur l'Eucharistie, quand les autres voulaient lui faire abandonner le dogme de la présence réelle, écrivit sur la table ces mots contre lesquels il disait ne pouvoir rien : *Hoc est corpus meum*. J'ai demandé à voir cette table. Mais il paraît qu'elle n'existe plus.

Les salles du château contiennent maintenant les archives de Hesse, et l'on expose aux yeux des visiteurs quelques écrits qui ont surtout rapport au temps de la Réforme.

On est toujours curieux de voir l'écriture des

hommes illustres et de philosopher un peu là-dessus.

Luther, Mélanchton, les autres réformateurs écrivent d'une main courante, facile, abondante ; ce sont des bavards de plume ; ils font un métier auquel ils sont rompus.

Tout autre est l'écriture des soldats. Un scribe quelconque a fait sous la dictée un écrit adressé à une ville, à un prince ; alors Gustave–Adolphe, ou Wallenstein ajoutent leur signature en lettres énormes, maladroites, comme s'ils écrivaient avec la pointe d'une épée.

Charles Ier d'Angleterre, le pauvre prince, écrit d'une main régulière comme un instituteur. Je serais bien étonné que l'écriture de Cromwel fût aussi parfaite.

Charles XII de Suède, qui fut un Alexandre brouillon, fait des pâtés comme un écolier. J'ai vu de lui une sommation adressée à une ville ; les bour- geois n'ont pas dû être flattés du sans-gêne avec lequel le conquérant parsemait de taches d'encre une lettre qui, d'ailleurs, n'est pas l'œuvre d'un calli- graphe.

Tout cela nous met bien loin de sainte Elisabeth. Mais nous retrouverons encore son souvenir au château de la Wartbourg, en Thuringe.

L'ÉTABLE

Schandau, petite ville coquette qui aligne sur l'Elbe toute une enfilade d'hôtels, est le point de départ ordinaire des excursionnistes qui vont voir l'Étable.

Une route vous conduit jusqu'à deux cascades dans la vallée de la Kirnitsch, qui, d'abord riante et gaie, devient plus sauvage à mesure qu'on avance. Déjà percent, à travers les arbres, les roches à pic, formées de blocs superposés, contournées en forme de tours, et criblées de petits trous comme si elles avaient souffert de la petite vérole.

Puis on prend un chemin de montagne, spacieux et commode, à travers la forêt de sapins, et bientôt l'on rencontre des roches solitaires, avec un sentier étroit qui les traverse de part en part. C'était autrefois, dit-on, un refuge de faux monnayeurs.

Chaque rocher a son histoire dans la Suisse saxonne. Il n'est pas étonnant qu'avec leurs formes bizarres, leurs concavités, leurs retraites cachées, ces roches aient, d'une part, excité l'imagination populaire, et, de l'autre, attiré tous ceux dont le métier n'est pas ami du grand jour.

L'Étable.

Je suppose que les contrebandiers — car nous sommes près de la frontière — ont bien dû maudire les touristes qui sont venus fouiller tous les trous et toutes les cavernes, et pour qui l'on a installé des auberges partout. Peut-être se sont-ils faits aubergistes.

En montant encore, on aperçoit, à travers les arbres, une énorme muraille de rochers, percée d'un trou gigantesque qui laisse voir le ciel. C'est l'Étable.

Une masse, abrupte de tous les côtés, s'élève du milieu de la forêt, et porte elle-même un bois à son sommet. A sa base, une excavation naturelle, haute de six mètres, la traverse de part en part. Autrefois, dans les temps de trouble, quand le pays était encore sauvage et peu praticable, les campagnards réunissaient là leur bétail, pour le mettre à l'abri des déprédations ennemies.

Ce n'est pas le seul souvenir qui se rattache à ce rocher. Pendant la guerre de Trente Ans, et plus anciennement, dans la guerre des hussites, il y eut là des réunions secrètes. Le guide me montre une saillie du rocher qui servit de chaire aux prédicateurs catholiques alors persécutés dans la Saxe. Au pied se tenait le troupeau fidèle, accouru à travers les bois, les yeux tournés vers ce rocher, d'où, paraît-il, aucune parole ne se perd.

Toute cette masse de grès rougeâtre est sillonnée de fentes profondes, à travers lesquelles on me promène ; parfois il faut se plier en deux pour passer sous un rocher qui surplombe ; cet endroit s'appelle, je ne sais pourquoi, la « Caroline tortue ». On y voit un étroit passage qui disparaît dans les flancs de la pierre; il mène à une ouverture carrée, qui se montre à l'étage supérieur. S'il faut en croire les traditions, pendant la guerre de Trente Ans, un tailleur avait établi là son atelier. Les pauvres gens se réfugiaient alors où ils pouvaient, pour échapper aux pillages et exercer leur métier avec quelque tranquillité : ce trou s'appelle encore aujourd'hui l'« Atelier du Tailleur ».

On monte au sommet par un escalier de bois, comme on monterait au grenier d'une maison à six étages. Mais cet escalier est de construction récente. Dans les temps anciens, on n'accédait là-haut qu'à travers une fente très étroite, élargie en quelques endroits par la sape pour qu'elle pût donner passage à un homme, et dans laquelle des rouleaux de bois forment un escalier très raide, qu'on nomme l'« Échelle du Ciel ». Cette fente était barricadée du bas jusqu'en haut, car sur la plate-forme se trouvait un château de voleurs.

C'était une des institutions de l'Allemagne féodale que ces châteaux de voleurs. On les établissait sur une hauteur aussi inaccessible qu'on pouvait la trouver, à portée d'une route commerciale; on tombait sur les caravanes de marchands qui passaient, et, avec le butin, l'on revenait partager, et, sans doute, chanter et boire, derrière les palissades d'une forteresse en bois.

Celui-ci dut être, à cause de sa position, un des plus formidables. Tout le long de l'« Échelle du Ciel », on voit encore, dans le roc, les entailles où reposaient les poutres qui en défendaient l'accès. Vers le haut, deux rainures verticales indiquent que là se trou-

L'Atelier du Tailleur.

vait une herse qui retombait quand étaient rentrés les chevaliers du butin.

Au sommet, d'autres entailles faites dans le rocher indiquent la place des constructions ; on voit encore les fondations d'un mur, et une poussière rouge prouve que le château des brigands n'était pas uniquement fait des sapins de la forêt, et que ces hommes civilisés connaissaient l'usage de la brique.

De là-haut, l'on découvre les principaux sommets de la Suisse saxonne, le Winterberg, par exemple, et le Lilienstein, La Roche des lis, qui domine si fièrement les méandres de l'Elbe. De tous côtés, d'autres rochers abrupts avec leurs bouquets de verdure. Sur celui d'en face était perché un autre château de voleurs. Entre les deux passait la route de Saxe en Bohême. Les caravanes étaient donc assaillies des deux côtés, et laissaient toujours un peu de leur laine aux buissons de la route.

Dans quel monde cela nous introduit ! Qu'on se figure la vie sombre et aventureuse de ces *outlaws*, les nuits passées dans l'ombre des fourrés, l'œil au guet et l'épée au poing, le retour dans le refuge sauvage, les poutres que l'on tire, la herse qui retombe, puis, dans le manoir grossier, le partage, l'ivresse, les rixes, et peut-être les hommes qui dégringolent le long de la muraille perpendiculaire !

Comme nous avons changé ! Le petit orchestre de l'auberge m'envoie les flonflons de danses joyeuses, pendant que je contemple les débris d'une autre vie aventureuse et criminelle, les souvenirs d'un temps de trouble et de sang !

Et comme nous avons peu changé, dans le fond ! Le bandit n'existe plus ; mais l'homme de proie est toujours là.

Qu'était-ce qu'un bandit en somme ? Un homme qui ne faisait rien lui-même, et qui prenait de force le gain des autres ? Nous avons substitué la ruse à la violence, et voilà le progrès.

Le bandit attendait que le petit marchand eût réalisé ses gains aux grandes foires du temps jadis ; puis, il tombait dessus et lui coupait la bourse ; s'il y avait résistance, il coupait la gorge en plus, et revenait, comme un aigle à son aire, manger sa proie.

C'était un bandit, et on l'a tué ; on a bien fait ; mais le bandit ne meurt pas ; il se métamorphose seulement. Il n'y a plus de grandes foires ; les marchands ne s'en vont plus, avec leur argent dans des bourses de cuir, par des routes qui passent entre deux châteaux de voleurs. Mais leurs gains sont-ils plus en sûreté ?

N'ont-ils pas aussi, quand ils ont réalisé quelque argent qu'il faut placer, à craindre qu'une main rapace, celle des grands spéculateurs, celle des grands accapareurs, ne vienne enfoncer ses griffes dans leur modeste escarcelle, et en jeter le contenu dans un coffre-fort aux serrures d'acier ?

Du moins, il était pittoresque, le bandit d'autrefois ; du moins, il risquait sa vie, s'il prenait celle des autres ; et sa rude existence, sa séquestration, les fatigues qu'il endurait, et la mort violente qui le guettait, lui faisaient expier un peu ses attentats contre la société.

PREBISCHTHOR.

Mais — c'est en quoi la ruse est bien supérieure à la violence — rien n'est plus tranquille et plus honoré que le bandit de nos jours ; ses victimes le connaissent à peine ; elles ne peuvent s'en défendre, et elles conservent pour lui quelque chose du respect que l'homme a toujours pour tout ce qui est le succès.

Le grand progrès, c'est qu'il n'y a plus de sang répandu ; on est peut-être aussi volé qu'autrefois, mais on vit plus tranquille.

De l'Étable, on descend par des marches dans la profonde gorge du Milan ; puis le chemin remonte peu à peu le long du Petit-Winterberg, que domine une rotonde élevée en l'honneur d'un électeur de Saxe, qui chassait volontiers en ces parages. On contourne cette montagne aux flancs arrondis, et l'on grimpe le Grand-Winterberg, qui, suivant la coutume allemande, est surmonté d'une tour.

La vue est très belle, quand vue il y a. Mais quand il pleut, il faut en faire son deuil. Je continue donc jusqu'à Prebischthor.

C'est une arche immense, une porte monumentale, un arc de triomphe dressé par la nature et orné d'un restaurant par les hommes.

C'est un des plus beaux caprices de l'architecte de ces lieux. Au milieu des tourelles ébréchées et des remparts formidables qu'il a patiemment tirés de la masse informe des rochers, il a voulu avoir, comme dans les villes des humains, une porte. C'est une porte qui ne mène à rien, qui ouvre sur le vide des deux côtés, mais qui est sublime par l'élancement de ses deux piliers, et la hardiesse de sa voûte. Et, pour adoucir l'austérité de sa grandiose construction, il l'a festonnée de verdure et plantée d'arbres.

Par la béante ouverture, on aperçoit, des deux côtés, un chaos de rochers étranges ; l'architecte est encore à l'œuvre ; il n'a pas tiré de sa matière tous les effets qu'il voulait, et ses ouvriers élaborent lentement le plan qu'il leur a tracé.

De Prebischthor, je descends jusqu'à la route effondrée de Herrnskretchen ; la chaussée a disparu par endroits ; les maisons se sont abattues. C'est un des ouvriers qui a travaillé trop fort.

LA SUISSE SAXONNE

Nos ancêtres ne couraient guère les montagnes ; Voiture, traversant la Savoie, écrivait qu'il était dans un pays affreux. La Suisse fut la première à devenir populaire. Les chants des poètes, en particulier de Schiller dans son *Guillaume Tell*, et le goût du romantique qui se répandit au commencement de notre siècle, y attirèrent les touristes, et c'est encore, de tous les pays de montagnes, le plus fréquemment visité.

Puis, l'élan donné, on découvrit d'autres montagnes pittoresques, et, parce que la Suisse était devenue le pays type, on leur en donna le nom. Il y eut ainsi la Suisse franconienne et la Suisse saxonne.

J'ai vu la seconde de ces Helvéties en miniature : rien ne ressemble moins à la grande Suisse, et Dieu merci, car j'aime les pays qui ont leur cachet particulier.

Je venais des monts Métalliques, qui élèvent jusqu'à 1,200 mètres leur barrière entre la Saxe et la

Bohême. Or, sur les bords de l'Elbe, il faut se contenter de 4 à 500 mètres.

Eh bien ! ces taupinières renferment plus de sublimes beautés, de hardiesse, de grandeur, que bien des hautes montagnes. C'est le triomphe de la ligne sur la masse.

Les monts Métalliques se renflent lentement. C'est un vaste plateau plutôt qu'une chaîne de montagnes ; mais les rocs de la Suisse saxonne sont taillés à pic. Quelques sommets, qui sont de basalte, ont résisté à l'action du temps et conservent leur forme conique et arrondie. Les autres sont d'un grès tendre et friable. Les pluies et les gelées les ont fendus, crevassés, creusés, ciselés, et les masses les plus dures, les os du squelette, sont seuls restés debout ; or ce squelette est souvent contourné de la plus bizarre façon.

On a des gorges étroites, avec des parois à pic, et, dans le bas, une rivière où l'on se promène en bateau ; on a des rochers isolés restés debout dans une plaine, comme des sacs de grains dans un champ, et qu'on appelle, pour cette raison, les « Sacs d'avoine » ; on a d'autres rochers qui sont évidés, avec une boucle au sommet, comme des quilles ; ailleurs, ce sont des tours qui semblent défendre le passage de l'Elbe, en face de la forteresse de Königstein, et cela s'appelle la « Bastille » ; ou bien une voûte propre à cacher du bétail : c'est l' « Étable » ; une arche hardie jetée sur deux piliers de rocher : on la nomme « Prebischthor ».

Les matériaux de ces constructions naturelles

sont attaqués par les forces de la destruction. Comme les parties les plus tendres partent les premières, il se produit un nombre infini de trous qui font souvent ressembler le rocher à une éponge.

Dans ces formations étranges, les sapins sont partout, et, comme une troupe de gamins imprudents, s'établissent sur les plus escarpées des hauteurs, dans les positions les plus risquées. Tous ces rocs abrupts portent une couronne de feuillage, qu'ils tendent comme une gerbe de fleurs vers le ciel.

On a tout fait pour les rendre accessibles : dans les fentes des rochers se cachent des escaliers ; le long des pentes passent piétons et cavaliers, ou même des dames qui se font commodément transporter en chaises à porteurs, et, soutenues — par ce que les précieuses appelaient des mulets baptisés, — admirent et ne se fatiguent point.

Des ruisseaux clairs animent les gorges de leur bruissement. Ils forment quelques cascades ; mais, comme en été l'eau n'est pas toujours suffisante, les bons Saxons ont recours à un petit artifice. Un bassin retient les eaux en amont de la chute, qui reste à sec. Vient à passer un touriste ; on lui demande s'il ne voudrait pas s'offrir le plaisir d'une cascade ; et, s'il sort un nickel de sa poche, un homme tire un cordon, et la cascade joue.

Ces ruisseaux, qui attendent pour sortir qu'on ait tiré le cordon, peuvent devenir, quand il leur plaît, de terribles malfaiteurs. Quand je les vis, la Saxe venait d'être ravagée par eux comme elle ne l'avait pas été depuis longtemps, et trois semaines de travaux avaient à peine réparé une faible partie des désastres survenus en un instant.

Le fond des vallées éventré laissait voir un horrible chaos de pierres blanches ; des ponts improvisés avec des planches remplaçaient les ponts de pierre que le torrent avait emportés comme une paille. Là, il y avait une maison, me disait-on ; maintenant on y jetait les fondements d'une nouvelle construction. D'autres édifices n'avaient été qu'à demi-emportés ; le flot les avait tranchés en deux, et l'on voyait l'intérieur des chambres, les poutres brisées, et les cloisons démolies.

« C'était terrible, me disait une vieille femme, en me montrant ce qui restait de sa pauvre maisonnette ; j'ai donc vécu si vieille pour voir cela ! Maintenant, quand vient la nuit, je suis prise d'un saisissement, et j'ose à peine me coucher, tant je crains le retour de cette nuit horrible où nous avons tout perdu. »

Le fléau ne prit pas seulement des maisons ; il prit aussi des hommes, qui glissèrent dans les flots, et disparurent en un clin d'œil, sans qu'on pût les secourir.

Maintenant, les ruisseaux sont rentrés dans leur lit, et chantent leur gaie chanson le long des ruines qu'ils ont faites. On ne dirait jamais, à les voir si paisibles, qu'ils ont pu être saisis d'un si terrible caprice.

C'est ainsi : l'homme travaille et enchaîne la nature, il semble qu'elle soit son esclave soumise ; puis, il vient un jour où elle se fâche et brise les entraves; elle détruit les œuvres de l'homme, et se joue de l'homme lui-même et de sa vie, qu'il estime si précieuse, pour lui rappeler, sans doute, combien il est près de Dieu, et comme sa force est faible, quelque orgueil qu'il en ait conçu.

LA BASTILLE

Lorsqu'en descendant l'Elbe on a contourné la puissante roche des Lis, où Frédéric II s'empara de l'armée saxonne, et qu'on a longé la roche du Roi, Königstein, que domine une vieille forteresse, jadis monastère de Célestins, on aperçoit sur la rive droite une masse rocheuse bizarrement découpée, à qui ses formations arrondies comme des tours de château fort ont fait donner le nom de Bastille.

C'est un des points les plus visités de la Suisse saxonne. La proximité de Dresde, la facilité de cette promenade, qui peut se faire en deux heures, y attirent une foule de touristes, et l'on est sûr de n'être jamais solitaire sur son chemin.

Ce chemin est plus intéressant encore que le point d'arrivée. Il est bon de prendre avec soi un naturel du pays pour s'en faire expliquer toutes les singularités.

Ce sont des gorges étroites, que ferment des rochers énormes couverts de sapins et de mousses, dentelés et taillés à plaisir. Le plus étrange de ces encaissements est celui qu'on nomme la gorge d'Enfer.

La Bastille vue de l'Elbe.

Votre guide vous y montrera un théâtre de pierre, demi-cercle entouré de rochers fendus en longues lames qui peuvent ressembler à des coulisses. Un acteur y a même laissé son masque ; et, pour accentuer la ressemblance de cette pierre avec une tête humaine, on a colorié de rouge les grosses lèvres d'où il semble qu'une voix formidable va sortir.

Déjà, sur le chemin de Prebischthor, j'avais vu les pierres du Berger. Parmi ces rocs, on me montra le chien, couché sur un bloc et passablement reconnaissable, sauf que la tête avait été mangée par le temps. En m'approchant, je vis que l'art avait puissamment aidé la nature, et mon guide ne nia pas l'artifice. Je crains qu'on n'ait usé du même procédé pour la tête humaine du val d'Enfer.

Il est vrai qu'en Amérique il existe un rocher qui est le portrait de Wagner, et qui reproduit le profil caractéristique du maître, avec le large béret qu'il aimait à porter sur l'oreille.

En continuant l'excursion dans la diabolique vallée, on rencontre la muraille de l'Enfer, une plaque de rocher posée toute droite, haute d'une dizaine de mètres, large seulement comme un mur ordinaire, jaunie vers le haut par ce qu'on croirait être des vapeurs de soufre. C'est une mousse très fine et complètement jaune qui lui donne cette décoration infernale.

Voici un creux sombre, où conduisent trois ouvertures : une cheminée toute noire et comme enfumée laisse apercevoir le ciel : c'est la cuisine du Diable.

Puis, les rochers se rapprochent des deux côtés ; de longues barbes de mousse pendent de leurs têtes vénérables ; les parois vont presque se rejoindre et enfermer le clair torrent qui babille à leurs pieds. Là, trois blocs de pierre, tombés depuis Dieu sait quand, sont restés enclavés dans la gorge, à peu près à hauteur d'homme, et l'on passe sous l'arche naturelle qu'ils forment. C'est la porte de Rocher.

Dans des temps lointains, où tout était merveilleux sur la terre, un ermite avait établi sa cellule au fond de cette gorge. Tranquille en sa retraite sauvage, il sonnait les heures avec sa clochette, et, lentement, la tête enfoncée dans son capuchon, il allait et venait le long du ruisseau, et, comme le ruisseau, il chantait les gloires du Seigneur Dieu.

Les quelques habitants de ce pays étrange, quand ils entendaient la clochette et les chants de l'ermite, se signaient et disaient : c'est le pieux Udo qui est en prière.

Et les gnomes, ce peuple malin et complaisant, ces nains à longues barbes, encapuchonnés de rouge, le regardaient passer avec leurs grands yeux étonnés, quelquefois tiraient la corde de sa cloche pour s'amuser, ou bêchaient pendant la nuit son petit coin de jardin, pour jouir de sa surprise à son réveil.

Or, il arriva qu'un malin esprit, qui voyageait en quête de besognes mauvaises, aperçut, au fond de cette gorge, le solitaire qui allait et venait, chantant, avec David, la gloire de Dieu et la magnificence de ses œuvres. Et il s'en vint le dire à Lucifer.

Et le grand diable se fâcha, et jura, par ses cornes, de troubler la paix de cette âme tranquille. Il vint s'installer dans un creux de la vallée, et y fit une cuisine infernale. Par des mélanges horribles, qu'il remuait sur des charbons d'enfer, il remplit la gorge d'une telle puanteur, que les gnomes affolés rentrèrent à la hâte dans leurs petites cavernes.

Mais l'ermite, plongé dans sa prière, sonnait toujours tranquillement les heures de son office, allait et venait le long du torrent, en chantant les louanges du Seigneur Dieu.

Alors Lucifer fit venir dans sa cuisine d'horribles sorcières, et le sabbat commença. Ce furent des cris épouvantables, une orgie sans nom, et les nains, dans le fond de leurs cavernes, se serrèrent les uns contre les autres en tremblant de peur.

Alors, le diable remonta, et, d'en haut, plongea son regard dans la gorge profonde. Et voici que le saint homme, enfoncé dans son capuchon, allait et venait toujours le long des eaux vives, et, comme s'il n'eût rien entendu, chantait de tout son cœur les gloires du Seigneur Dieu.

Alors, poussant un cri de fureur qui ébranla les rochers, Satan, de ses griffes brûlantes, détacha trois énormes pierres, et les lança sur la tête détestée pour l'écraser. Mais, l'ange invisible qui planait toujours au-dessus de l'homme de Dieu, l'ange, de sa main puissante, rapprocha les parois du rocher ; les trois blocs s'y enclavèrent, comme le coin dans la fissure d'un tronc d'arbre, et le pieux Udo, toujours tranquille, passa dessous en chantant les gloires du Seigneur Dieu.

Et l'ennemi, furieux d'être vaincu, disparut en vomissant des torrents de soufre, qui ont laissé leur trace au flanc des roches de la vallée.

Voilà comment se forma la porte de Rocher.

Après avoir traversé d'autres excentricités de la nature, on parvient au plateau de la Bastille, et l'on voyage en plaine pendant une demi-heure, au milieu des sapins, sans que rien puisse vous faire penser que vous n'êtes ni en Sologne, ni dans les Landes, mais dans un pays de montagnes et de rochers.

Puis, l'on arrive au bout du plateau, et, tout à coup, l'on est au bord d'un abîme.

Tout soudain, la terre vous manque, et l'on aperçoit un immense demi-cercle de rocs aigus, et l'on plonge du regard dans un entonnoir profond que remplit un frissonnement d'arbres sombres. Et tout au loin, ce sont des escarpements semblables, avec la verdure en haut, et la verdure en bas, et la nudité du roc entre les deux.

Encore quelques pas, et l'on est à la Bastille, à deux cents mètres à pic au-dessus de l'Elbe, dont on voit se développer, entre les montagnes, les replis glacés par la lumière. On a presque toute la Suisse saxonne sous les yeux : les deux Winterbergs, ou monts d'Hiver, le Hockstein, ou la Bosse, la roche du Pape, la couronne de l'Empereur, le Tison, la roche aux Ours, la roche des Lis, et la roche du Roc. Quelques-uns de ces sommets sont coniques; mais la plupart offrent la même hardiesse de ligne, les mêmes escarpements perpendiculaires que la Bastille elle-même.

Vous pouvez jouir à votre aise de cette vue splendide, tout en savourant un verre de bière de Pilsen; car un grand restaurant étend là-haut ses vastes vérandas, et ses terrasses, où l'on peut se donner

Le Pont de la Bastille.

ce plaisir, si apprécié en Allemagne, de dîner en plein
air en face d'un beau paysage.

Comment descendre jusqu'au bourg de Ratken,
qui se cache en une gorge au bord de l'Elbe? Il faudrait d'abord pouvoir sauter de l'une à l'autre des
tours de la Bastille, entre lesquelles les eaux ont
creusé un abîme.

Ne craignez rien; vous êtes en Suisse saxonne;
soyez sûr qu'on a tout fait pour vous ménager un
chemin commode et praticable. En effet, un pont de
pierre, solide comme le Pont-Neuf, relie par sept
arcades les dents aiguës du rocher, et vous pouvez
vous pencher tranquillement sur son parapet, et
mesurer de l'œil le gouffre qu'il franchit. Au bout
du pont, vous trouverez des escaliers, qui suivent
en les contournant, les creux des tours de pierre. Un
pont au sommet d'une montagne, c'est ce que je
n'avais pas encore vu jusqu'ici.

Traverser l'Enfer, voir la cuisine du Diable, trouver un pont de pierre sur les sommets, et en descendre
par un escalier : voilà ce qu'on peut faire en une demi-
journée dans la Suisse saxonne.

L'ELBE

Le Rhin héroïque, chanté par les poètes allemands et décrit par Victor Hugo, est présent à l'esprit de tout le monde. Même les Français, qui ne sont pas de grands voyageurs, s'octroient de temps en temps, pour un voyage de noces ou pour une excursion de vacances, une visite aux bords du Rhin, et contemplent, pendant la course rapide du bateau, les antiques forteresses que leurs ancêtres ont détruites.

Moins célèbre est déjà le Danube, bien qu'il coule aussi entre des montagnes à pic, bien qu'il baigne également de vieilles tours démantelées, et que d'immenses monastères se mirent dans ses eaux jaunâtres. Pourtant il a ses légendes et son histoire ; les vieilles traditions de la mythologie germanique et le souvenir gigantesque de Napoléon, bercent ses eaux d'un murmure étrange et merveilleux. Mais il est trop loin de nous, et les poètes lui ont manqué.

L'Elbe est plus obscure encore, et beaucoup de Français ignorent, sans doute, qu'on peut voir

sur ses bords des paysages merveilleux. Il est vrai
que les ruines sont plus rares sur ses bords, et
que Frédéric II, qui y fit campagne, n'a pas le
prestige populaire de Napoléon. Mais tout de même,
il a aussi ses montagnes ; elles sont plus hautes et
plus pittoresques peut-être que celles des deux
autres fleuves, et depuis Leitmeritz en Bohême
jusqu'à Pirna en Saxe, c'est avec charme que l'on
suit ces rives accidentées, parfois fantastiques, que
ses eaux baignent en passant avec la rapidité d'un
torrent.

L'Elbe traverse d'abord en Bohême les monts
du Milieu. Là, ses rives ressemblent à celles du
Rhin. Chaque détour ouvre une nouvelle perspective de collines vertes qui s'entassent l'une par-
dessus l'autre, et dont les flancs portent des
vignobles étagés.

Le sapin, le perpétuel sapin, qu'on trouve partout et dont jamais on ne se lasse, peuple ces
montagnes, et le velours de son feuillage, et les
tons rougeâtres de son écorce contrastent avec la
grisaille des roches qui, de-ci, de-là, se hasardent
à montrer un front chauve parmi les riches che-
velures de leurs voisines.

Il y en a une qui, comme la fameuse « Loreley
du Rhin », vient tomber à pic dans le courant qu'elle
surplombe. C'est la Roche d'effroi, le « Schrec-
kenstein », et les barons du temps jadis l'avaient
couronnée d'une puissante forteresse. Les barons
sont passés ; la forteresse a croulé ; la Roche d'effroi
est restée immuable au-dessus des eaux, et les
pans de muraille qui sont restés là-haut servent

aujourd'hui de décor aux rives du fleuve. Un aubergiste s'y est installé ; car partout où il y avait autrefois un seigneur, on trouve maintenant une auberge ; et, quand passe le bateau, si c'est un dimanche, toutes les terrasses s'animent des mouchoirs des promeneurs qui le saluent au passage. La Roche d'effroi n'a plus d'effroyable que le nom.

J'ai vu tout ce paysage par un soir vaporeux, illuminé d'étranges lueurs qui lui donnaient un caractère fantastique. A la fin d'un beau jour, les nuages s'étaient amoncelés vers le couchant, et le soleil, qui descendit majestueusement sur ces nuages, s'en fit un trône de lumière et de splendides couleurs.

De longues bandes de pourpre, comme une tenture royale, se déroulèrent d'un bout à l'autre de l'horizon. D'énormes masses violettes se posèrent à la cime des montagnes, et des croupes lointaines de nuages blancs étincelaient d'or et d'argent, comme des métaux qui sortiraient de la fournaise. Par endroits, on voyait le bleu tendre du ciel à travers les déchirures sombres des vapeurs.

L'ombre descendait sur la terre. Des reflets rouges atteignaient quelques sommets, pendant que d'autres s'enfonçaient dans une brume noire. A chaque seconde, le spectacle changeait. Seules, les lignes des montagnes restaient immuables, et l'Elbe serpentait toujours dans ce dédale d'ombres et de lumières, et je songeais combien les hommes primitifs devaient être frappés de semblables spectacles, et qu'il n'est pas étonnant qu'ils aient mis des divinités terribles et mystérieuses dans ces eaux, ces nuages et ces montagnes.

Enfin, la nuit éteignit toute cette magie lumineuse, qui n'est qu'un demi-plaisir pour le touriste, car elle lui présage le mauvais temps pour le lendemain.

En quittant les Monts du Milieu, l'Elbe entre dans la Suisse saxonne. Là, le paysage est plus merveilleux encore. Mais il vaut la peine d'être décrit à part.

LA VILLE DE ROCHERS

Les monts des Géants dressent sur la frontière de la Silésie et de la Bohême une haute crête continue, sur laquelle le plus haut sommet n'est qu'un renflement.

Sur le côté prussien, leurs pentes s'abaissent brusquement vers la plaine, et leurs escarpements couverts de forêts, et leurs sommets chauves et leurs fraîches vallées leur donnent un caractère de grandes montagnes qui rappelle les Alpes.

Mais sur le versant bohémien, les monts des Géants se prolongent en de longs contreforts qui s'abaissent peu à peu pour gagner la vaste plaine où l'armée du vieux Guillaume secoua si rudement les Autrichiens en 1866.

Dans un de ces derniers contreforts, en un pays qui semble intermédiaire entre la montagne et la plaine, se trouve une des plus étranges merveilles de l'Europe, la Ville de rochers, qui n'a guère son pendant que dans les causses du Tarn, où l'on visite également de très curieuses formations, qui représentent, si l'on veut bien, une cité pétrifiée et qu'on nomme Montpellier le Vieux.

Près du village d'Adersbach, on aperçoit un rideau de roches à pic, découpées, dentelées, fendues, et qui, au premier abord, n'offrent que l'aspect d'un chaos confus, où l'on ne peut rien démêler. C'est la Ville de rochers.

Par qui fut habitée cette ville autrefois ? Par Rübezahl, le génie de la montagne, le géant, par Rübezahl et sa nombreuse progéniture ; Rübezahl, dont le souvenir est présent partout, depuis les hauteurs de la Tête de Neige jusqu'aux derniers degrés de l'escalier gigantesque qui descend vers la plaine de Bohême.

Comme à toute ville qui se respecte, il y a un faubourg, et l'on y voit déjà des choses curieuses. Car les rochers sont si bizarrement formés qu'on y a reconnu toutes sortes de ressemblances, et beaucoup d'entre eux ont leur nom ; tantôt il est bien justifié, et tantôt il faut quelque bonne volonté pour identifier telle roche avec l'objet dont elle est censée l'image.

On ne voyage pas sans guide dans cette cité, où la liberté des rues n'existe pas encore à la fin du XIXe siècle. Et l'on paie pour entrer. Il est vrai qu'on est ici en pays seigneurial.

C'était autrefois une bien pauvre propriété que ces rochers d'Adersbach, et le châtelain du pays n'en tirait qu'un peu de bois, qui, vu la difficulté de l'atteindre et de le couper, coûtait plus qu'il ne valait. Mais depuis qu'on a songé à y faire venir les touristes, cet endroit sauvage et solitaire est devenu plus productif que des hectares de terre beauceronne.

On prend donc son billet d'entrée, sans lequel la garde qui veille aux barrières de la ville, ne vous ouvrira pas ; un guide à chapeau vert orné de plumes s'empare de vous, et vous le suivez docilement à travers les dédales de l'étrange cité, et vous écoutez ses explications qu'il accompagne de plaisanteries stéréotypées, déjà essayées sur des milliers de touristes.

D'abord, on vous montre les cloches de la cathédrale, ce qui est assez étrange dans un faubourg ; mais il ne faut pas être trop exigeant ; car on n'est pas dans une ville ordinaire ; chose plus bizarre encore, la cathédrale n'est pas là, mais à Weckelsdorf, une lieue plus loin.

Après les clochers, on voit le pain de sucre, ce qui vous jette tout de suite dans un autre ordre d'idées. C'est un pain de sucre gigantesque, haut de cent cinquante pieds pour le moins, digne du géant Rübezahl. Chez les épiciers des villes humaines, on place les pains de sucre sur leur base ; mais les génies ont d'autres habitudes : celui-ci repose sur la pointe, et, ce qui prouve encore que ce n'est pas un pain de sucre ordinaire, cette pointe est enfoncée dans un trou plein d'eau.

Et de loin, l'on nous montre la cheminée de l'usine qui l'a fourni, la fabrique de sucre de Rübezahl.

Du pain de sucre nous passons à un fauteuil, le fauteuil du grand-père. Ce grand-père était d'une taille dont nous sommes bien dégénérés ; mais du moins les proportions sont toujours restées les mêmes entre les deux sexes ; car le fauteuil de la

ADERBACH.

grand'mère, qui est à côté, est moins haut d'au moins une trentaine de pieds.

Dans le faubourg, les monuments sont espacés, et l'on voit que cette partie de la ville n'a jamais été très peuplée. Mais voici que nous arrivons au tourniquet qui représente la porte d'entrée ; maintenant, les rues seront étroites et tortueuses, les murailles plus rapprochées, et les hautes demeures des géants se presseront les unes sur les autres.

Dans toute ville bien réglée il faut une autorité ; aussi le bourgmestre est là, l'un des plus grands parmi les hommes de sa génération, rejetant fièrement la tête en arrière, relevant vers le ciel son nez camus, retroussé, dit le guide, par l'habitude qu'il a de priser beaucoup de tabac.

Derrière lui se tient, dans une attitude de dignité modeste, une gigantesque figure de femme : d'aucuns prétendent que c'est son épouse ; d'autres assurent que c'est une religieuse couverte de son voile. Comme ce qui manque le plus dans la Ville des rochers, ce sont les archives, la question reste pendante *et adhuc sub judice lis est.*

Le bourgmestre a une justice active ; car là-haut, en vue de tous les habitants, se dresse l'échafaud ; les deux bois de justice sont dressés ; seulement, ils sont en pierre ; une tête a roulé sous le couteau, et on la voit de loin, comme un exemple du sort qui est réservé aux méchants.

Le labyrinthe s'élargit deux fois : c'est la grande et la petite place. Puis les rues se referment ; les énormes blocs de grès se rapprochent comme pour vous écraser et vous cacher le ciel.

On entre dans un monde extraordinaire. Voici une grotte, dont les sombres parois sont illuminées d'une faible lumière qui descend de bien haut, et ne se hasarde qu'en tremblant dans ces noires profondeurs.

Un filet d'eau blanche coule en murmurant sur la roche anguleuse, et ce murmure répand dans l'antre austère une douceur charmante, quand

ADERSBACH. — LE BOURGMESTRE A LA RELIGIEUSE.

tout à coup le guide donne un coup de sifflet ; à ce signal, le ruisseau devient une masse effrayante d'argent liquide, une cataracte puissante qui ébranle la caverne et l'emplit de tonnerres. Puis la colère de l'eau s'apaise, et la petite cascade recommence sur la pierre noire sa tranquille chanson. Il ne vous reste qu'à donner un pourboire à l'homme qui a fait jouer cette fantasmagorie.

D'où vient cette eau ? Regardez ces rochers, me dit le guide : à les voir ainsi découpés, couverts d'arbres et si abrupts, vous ne vous douteriez pas que là-haut on se promène en barque. Montez par ce petit escalier et vous en ferez l'expérience.

En effet, je grimpe par des marches de bois que l'on a posées dans une fissure du rocher, et je trouve là-haut, sur les toits de la ville, un petit lac, fort pittoresque, entouré d'arbres et de rochers, dont l'un représente une tête de chimpanzé. Et me voilà naviguant dans ces eaux sombres, encadrées de pierres grises et d'arbres verts. Où suis-je ? Dans quel monde lointain, solitaire, étrange, me vois-je transporté ? Enfin, les limites du lac sont atteintes ; je jette mon obole au Charon de cette barque fantastique, et je reviens, par un autre défilé, retrouver mon guide qui m'attend en bas.

D'autres bizarreries de la nature me sont encore signalées. Voici la main du géant ; les cinq doigts y sont marqués, et le pouce à sa place, beaucoup plus bas que les autres. Serrés entre cette main énorme et le rocher voisin, reposent deux jumeaux, enveloppés dans le même maillot de pierre ; deux petits Rübezahl, sans doute, que caresse la main formidable de leur père.

Puis, c'est la Cruche, un rocher dont les eaux ont détaché une partie qui forme l'anse. Dans quelque temps, me dit le guide, la séparation sera complète, et cette cruche deviendra un aigle.

En effet, on distingue déjà, dans les formes

de cette anse rocheuse, une tête d'oiseau, un œil, et le bec crochu des brigands des airs.

. Au bord du chemin, un chevalier des temps héroïques a posé son casque, dont la visière est baissée. Peut-être est-il venu combattre cette lionne dont la tête menaçante domine le passage, et qui fut l'œuvre d'un des meilleurs sculpteurs de la ville, car, cette fois, la ressemblance est parfaite.

Plus loin, ce sont des tuyaux d'orgue ; ce qui nous prouve que les arts étaient cultivés à l'âge de la pierre. On en joue, dit le guide, le 20 février, anniversaire de la naissance de Rübezahl.

Il y a des monuments plus grandioses : le clocher de Sainte-Élisabeth, un roc isolé qui s'élève perpendiculairement jusqu'à 260 pieds de haut. Rübezahl, qui est un impie, y a suspendu son pantalon pour le faire sécher. Mais, pour sa punition, ce pantalon de pierre ne sèche jamais, et l'eau en dégoutte éternellement.

Le diable est toujours près du bon Dieu. A côté du clocher, il a construit un pont, entre deux rochers ; mais l'eau mine tous les jours sa construction, qui finira par s'écrouler.

Comme provisions, je n'ai vu dans la ville de rochers qu'une truite : elle est de bonne taille, c'est vrai ; mais les géants n'en feraient qu'une bouchée ; seule la sobriété des habitants rassure contre toute crainte de famine.

L'armoire à linge est bien fournie ; mais celle de Weckelsdorf, à côté, est plus grande, et plus

nombreux sont les rayons où s'entassent les
étoffes aux plis rigides.

Au milieu de toutes ces antiquités se trouvent quelques figures modernes, un cosaque, avec
son bonnet de fourrure sur le coin de l'oreille, et
un buste qu'on dit être celui de l'empereur Léo-
pold.

Mais ces intrus n'ont pas l'air à leur place
dans ces restes d'un temps surhumain et pré-
historique.

Quand même on n'aurait pas donné à ces rochers des noms aussi fantastiques que le paysage
lui-même, la visite en serait fort intéressante,
car les défilés y sont pittoresques, majestueux, et
toujours animés par la végétation ; le sapin s'ins-
talle au sommet de tous les rochers, et la mousse
les habille de vives couleurs : la mousse jaune,
qui dans l'obscurité devient phosphorescente ; la
mousse rouge, dont l'éclat contraste avec les rochers sombres; la mousse verte, qui, pressée et
desséchée, devient blanche comme neige ; telles
sont les parures dont les géants pétrifiés revêtent
leurs membres énormes.

Une eau claire parcourt le labyrinthe, et quelquefois l'emplit et le rend impraticable. On a souvenir
de la crue de 1884; il reste même un sapin déraciné à cette époque, qui a jeté de nouvelles racines, et, couché en travers du courant, continue
de vivre de la vigoureuse vie des montagnes.

L'orage est souverainement beau, paraît-il, dans
cet étrange pays. Les gorges deviennent noires
comme la nuit, et l'éclair s'y promène en maître,

brisant et taillant à nouveau les rochers. On montre partout des traces de son terrible passage.

Mais ce spectacle est trop dangereux pour être permis. Sitôt que l'orage menace, la porte est fermée, et nul n'est admis dans la Ville des rochers.

On dit que deux Anglais, il y a longtemps déjà, voulurent être témoins de cette sublime horreur. Ils virent la foudre frapper le rocher, et en détacher un bloc énorme qui roula dans le ruisseau, et sur ce bloc ils firent inscrire leur désir de ne pas recommencer. Le temps a effacé l'inscription, et il ne reste que la bordure ovale qui l'entourait.

Mais Adersbach, si curieux qu'il soit, n'a qu'à se bien tenir. Car Weckelsdorf, le village voisin, lui fait une concurrence sérieuse.

Weckelsdorf a aussi une ville de rochers. Ou plutôt, c'est la même qui se continue. Mais, comme les propriétaires sont différents, il n'y a pas de chemin pour passer de l'une à l'autre ; d'où l'origine des deux cités.

Les rochers sont peut-être un peu moins bizarres, mais aussi plus grandioses, plus saisissants que ceux d'Adersbach.

Il y a également un faubourg. Ici, le faubourg est une longue gorge boisée, hérissée de rochers qui ont aussi reçu leurs noms.

Le premier qui nous est indiqué, c'est un coq qui se dresse sur le haut rempart, comme un gardien vigilant prêt à donner l'éveil si l'ennemi venait à s'approcher. Telles les oies du Capitole!

Puis un casque de Bavarois, un de ces casques à chenille qui nous ont été si familiers en 1870, semblable à ceux que portent encore les pompiers de nos villages.

Après un coq et un casque, on ne s'attendrait pas beaucoup à trouver un magasin de fromages de Gruyère. Mais, dans les villes, on trouve de tout. Les larges meules rondes sont entassées les unes au-dessus des autres, et attendent depuis des siècles le chaland qui ne vient pas.

Comme les jours, les rochers se suivent et ne se ressemblent pas. En effet, voici, sur la hauteur, le profil si connu en ce pays du lion Saint Jean Népomucène, avec sa barrette de chanoine et sa tête penchée dans la prière. Il ne lui manque que le crucifix traditionnel, qui accompagne ses statues sur tous les carrefours des routes et sur toutes les places des villages de Bohème.

En face du saint martyr, un hardi chasseur a escaladé les rocs ; on l'aperçoit immobile dans une position périlleuse qu'il n'ose sans doute quitter. En quête de quel gibier est-il venu là ? C'était sans doute pour la perdrix qu'on me signale plus loin. Mais perdrix et chasseur ne bougent pas plus que s'ils avaient des siècles devant eux pour achever leur course.

Une pierre striée de lignes droites représente, paraît-il, la harpe de Rübezahl, et le guide réitère la plaisanterie de son collègue d'Adersbach sur le trente février.

Voici une maison, avec son toit régulier, à

peu près égal des deux côtés ; mais les fenêtres
ne sont pas encore ouvertes, dit le guide.

Enfin, nous approchons de la ville même, et
l'on aperçoit la tour du guet qui en domine la
porte, et, assise sur le sommet des rochers, une
fiancée de pierre, qui regarde l'horizon, et attend,
la malheureuse ! son fiancé qui ne revient pas,
et que peut-être Rübezahl retient au fond de ses
cavernes sombres.

Le vieux qui me conduit, enveloppé dans son
long manteau vert, gravit d'un pas appesanti un
escalier de pierre, introduit la clef dans la serrure
de la ville, et m'amène en un merveilleux défilé.

On a vite oublié les plaisanteries de la nature et
celles du guide en face d'un pareil spectacle. A des
espaces ouverts qu'on appelle des places, succèdent
des couloirs resserrés, qu'on nomme des ruelles ; les
rochers sont énormes, et dans le fond des fissures
gigantesques, on relève la tête pour apercevoir encore
un peu de ce ciel qui vous est dérobé. Ce ne sont
plus des caprices ; c'est l'austère grandeur, la sublimité écrasante, et l'on se retourne de tous les côtés
pour ne rien laisser perdre, et de tous les côtés on
trouve la force formidable de la nature qui vous
enclave et vous étreint ; le guide même a cessé de
rire ; il ne sait plus que vous montrer les crêtes
inaccessibles, et vous dire : c'est grandiose !

Peu importent les noms, maintenant. On vous
cite la place du Marché, la petite et la grande
place de la Cathédrale, la Fosse aux Lions, le
paysage des Jeunes Compagnons ; mais vous n'y
faites pas attention ; ces ingéniosités de l'esprit humain

se perdent dans l'absorbante majesté de la nature. Et vous allez d'un défilé dans l'autre, toujours anéanti et hors de vous-même, les yeux levés en haut, vers les arbres des cimes et vers le bleu du ciel.

Le ciel disparaît tout à fait. Nous sommes dans la ruelle qui conduit à la crypte des Morts ; le vieux allume une torche de sapin, et je le suis dans une caverne, à l'entrée de laquelle les mousses jaunes brillent d'un éclat phosphorescent. La lumière fumeuse de la résine éclaire à peine les fentes immenses qui se prolongent dans les ténèbres de la nuit. Ainsi qu'en la grotte d'Adersbach, on se sent transporté dans un monde nouveau, qui n'est plus la demeure des hommes. On est prêt à peupler d'êtres extraordinaires ces entrailles du rocher, et à voir sortir de l'ombre le génie de la montagne, en qui croyaient les premiers habitants de ces lieux.

Une éclaircie dans la masse des rochers ; un sourire de verdure sur l'austérité des murailles grises : c'est la place du Printemps, qui nous amène à la Cathédrale.

C'est une cathédrale si l'on veut ; mais, cathédrale ou non, c'est un des plus saisissants spectacles qui vous attendent en cet endroit. Une grotte étroite et d'une hauteur gigantesque, éclairée par l'ouverture, et sur laquelle s'ouvrent, comme des chapelles, d'autres fissures, dont l'une reçoit la lumière d'en haut ; voilà ce qu'est ce temple naturel.

L'élan des murailles qui partent de terre d'un seul bloc et vont se rejoindre à une hauteur sublime, et le jeu de cette lumière descendue d'en haut, qui, ruisselant de rocher en rocher, s'affaiblit et couvre les

pierres d'un reflet blafard, me pénètrent d'un respect
silencieux, et c'est d'une oreille fort distraite que
j'écoute le guide qui me récite une poésie allemande.

Comme on a décidé que c'était une cathédrale, on
y joue de l'orgue. Et rien n'est plus mystérieux
que ces accords lointains, adoucis par les détours de
la caverne, qui viennent d'un instrument invisible.
Charmé, je demande où se tient l'organiste. On me le
montre : ô désillusion ! c'est un joueur d'orgue de
Barbarie !

Au sortir de la Cathédrale, on retrouve de nouvelles frasques de dame Nature, qui s'est amusée à
jouer au sculpteur, et à imiter toutes sortes d'êtres
vivants.

Au bout d'une longue suite de rocs ébréchés,
on vous montre, cheminant solitaire par des chemins impossibles, et tout petit dans le lointain, un
Jésuite. D'autres l'appellent un pèlerin. De fait, à
cette distance, comment distinguer un pèlerin d'un
jésuite ?

Nous sommes dans la sculpture religieuse, car
j'aperçois distinctement une madone qui tient l'Enfant
Jésus dans ses bras, et, plus loin, un père capucin ou
un moine mendiant quelconque.

Mais, après avoir traversé un cirque sonore et
moqueur, qui vous renvoie toutes vos insultes, et,
si vous frappez un banc de votre canne, fait du
tapage comme si vous cassiez un arbre, vous arrivez
dans l'atelier du sculpteur d'animaux.

En effet, l'aigle est perché dans le creux qui sépare
deux rochers, et c'est la plus parfaite imitation que
j'aie vue dans la ville entière ; puis, c'est un couple de

VECKELSDORF.

bêtes fauves, le lion et la lionne, qui sont au repos, et, sur une colonne ronde, un ours polaire, puis un ours non polaire dressé sur ses pattes de derrière, et une tête de sanglier. Toute une ménagerie, et rien que de hautes et puissantes bêtes.

J'ai oublié de signaler, à Adersbach, une dent colossale, extraite de la formidable mâchoire de Rübezahl ; ce qui me le rappelle, c'est qu'on trouve

VECKELSDORF. — LE PÈLERIN.

à Weckelsdorf le cure-dents qui servait à la soigner.

Puis, au sortir de ces jeux innocents, on rentre dans la splendeur effrayante des gorges ; de nouveau, les murailles se resserrent et elles forment la Vallée de Josaphat ; on descend par un escalier qui semble vous ouvrir l'entrée du monde souterrain, dans la gorge plus profonde encore de la Sibérie.

Pourquoi la Sibérie ? Est-ce parce qu'il y fait

froid ? Mais peu importe le nom. C'est le même grandiose, le même sublime, les mêmes escarpements, les
mêmes masses que j'admirais à l'entrée.

Ce sera ce souvenir que j'emporterai tout à l'heure
en franchissant, pour en sortir, le seuil de la Ville des
rochers.

UN VENDREDI SAINT

A LA GRANDE-CHARTREUSE

J'avais déjà vu les gorges du Désert dans la splendeur de l'été, avec leurs festons de verdure ensoleillée, et les hauts sapins d'où surgissent des pentes abruptes de rochers.

Mais ce jour-là, on nous avertit à Saint-Laurent-du-Pont que nous trouverions de la neige là-haut, et qu'en ce moment même, il en tombait ; pourtant, une pluie fine détrempait en une horrible boue les rues de la bourgade ; le temps était doux ; comment croire à la neige ?

Mais à mesure que la voiture montait, longeant les précipices, la pluie se changeait en flocons ; un essaim blanc papillonnait autour de nous ; la boue, qui lutta quelque temps avec la neige, fut enfin vaincue, et nous avançâmes dans une nappe profonde, où les chevaux tiraient la voiture à grands coups de collier.

Le Désert avait changé d'aspect. Autant je l'avais vu riant et animé par le soleil d'août, quand les diligences s'y enfonçaient avec un grand bruit de grelots, autant je le voyais maintenant austère et grandiose, dans une solitude que rien ne troublait.

Les sapins avaient bien gardé leur éternelle verdure, mais elle se cachait sous une charge de frimas ; les prairies verdoyantes étaient des champs de neige ; les rochers se perdaient dans des nuages gris, qui n'en laissaient pas voir le sommet. On était emprisonné dans ce gouffre aux murs escarpés, avec l'eau du Guiers qui se remuait à de grandes profondeurs, et de la neige de tous les côtés.

Les papillotes blanches croulaient silencieusement ; à mesure que nous montions sans bruit sur ce tapis éclatant, la couche s'épaississait ; nous n'entendions que le bruit de notre conversation et le grondement sourd du torrent.

J'avais déjà foulé les neiges éternelles des montagnes pendant l'été ; je n'avais pas encore vu les montagnes dans leur parure d'hiver ; j'en fus saisi.

Si l'on veut passer le vendredi saint dans la retraite et la méditation, on ne saurait mieux être qu'à la Grande-Chartreuse.

Je l'avais vu profané, cet austère couvent, par une foule de touristes en fête, presque en goguette, arrivés de Grenoble par des voitures d'excursion, venus pour rire, à qui la splendide nature ne disait rien, et pour qui la vie des moines semblait être une bonne farce.

Au vendredi saint, c'est autre chose. Les excursions n'ont pas encore commencé. La neige obstrue les routes ; on est seul avec les moines, et l'on comprend que saint Bruno ait choisi cette solitude pour y fixer son monastère.

Nous n'étions pas cependant les seuls visiteurs. Là-haut nous trouvâmes quatre prêtres françaiscanadiens, qui, partis depuis cinq mois des bords du Saint-Laurent, après avoir parcouru l'Espagne, l'Italie, la Palestine, l'Allemagne et la France, se trouvaient en même temps que nous dans les neiges de la Chartreuse.

Avec un jeune abbé et son élève, venus à pied, et qui avaient enfoncé dans la neige à plaisir, nous formions toute la population de la salle des étrangers.

En été, le flot des touristes est si considérable que l'abbaye en semble inondée. On dirait que le monde court après les moines qui ont voulu le fuir.

Mais maintenant, rien ne les dérange de leurs méditations ; ils sont là chacun dans leur maisonnette, priant, lisant, travaillant, coupant le bois dont ils se chauffent ; leur jardinet dort encore sous la neige ; bientôt ils y descendront pour cultiver la parcelle de terrain qui leur est attribuée.

C'est ainsi qu'ils vivent chacun chez eux, solitaires, et justifiant pleinement le nom de moines qu'on leur donne.

A certains moments, on voit les formes blanches passer en silence dans les immenses corridors en pente qui relient leurs habitations. C'est l'heure de l'office, le seul moment de la journée où ils se trouvent ensemble.

Car ils dînent chez eux ; chacun vient chercher son repas à un guichet et l'emporte dans sa cellule ; il n'y a que le dimanche qu'ils mangent en commun dans le réfectoire.

Ce jour-là, l'office se fit suivant le rite accoutumé du vendredi saint : il gelait, et, malgré les

doubles fenêtres de la chapelle, on y grelottait.
Cependant, quand vint le moment de l'adoration
de la Croix, nous vîmes les moines s'accroupir dans
leurs stalles ; ils quittaient leurs bas et leurs souliers ; pieds nus, ils vinrent devant l'image de Jésus
crucifié, pendant qu'un frisson de froid m'agitait
rien que de les voir ; l'office dura encore environ
deux heures ; personne ne remit ses chaussures ;
ils restèrent tout ce temps les pieds nus sur le
parquet glacial, pendant que continuaient la lente
psalmodie et les chants attristés du vendredi saint.

Voilà une vie qui sera toujours le scandale des
gens de peu de foi ; ils ne croient pas à l'austérité
des moines, ou bien ils les traitent de fous ; mais
les moines ne s'en occupent pas ; dans leur solitude,
ils continuent leur vie d'isolement et de mortifi-
cation, parce qu'ils se savent utiles ; des milliers
de visiteurs viendront rire d'eux l'été prochain, ou
les regarder comme une énigme indéchiffrable, un
phénomène de psychologie étrange. Qu'importe ?
Il y aura toujours quelques grandes âmes qui,
désabusées du monde, comprendront ce qu'on fait
ici et rempliront la place de ceux qu'on dépose
dans le petit cimetière, à l'ombre de l'église.

On en a vu quitter les plus hauts rangs de la
société pour user, dans ces montagnes, les restes
de leur vie. A l'heure où jadis ils n'étaient pas encore couchés, maintenant ils se lèvent pour psal-
modier dans la nuit l'office des morts.

Car les chartreux récitent plusieurs offices, dont
celui des défunts ; les matines durent ainsi fort
longtemps, et c'est un spectacle frappant que celui
de cet office de nuit.

La chapelle n'est pas éclairée ; chaque Père porte avec lui une petite lanterne qui lui permet de lire. . Ces lueurs clignotantes ne percent point l'épaisse obscurité du sanctuaire. On entend la masse des voix qui roule d'un bruit monotone, passe comme une vague d'un côté à l'autre de la chapelle, et envoie à la voûte enténébrée les plaintes de David.

Tout à coup, ces lumières disparaissent ; il n'en reste plus qu'une, qui tremble dans l'obscurité, et voici qu'une seule voix s'élève, répétant les magnifiques lamentations de Job : « Pardonnez-moi, Seigneur, car mes jours ne sont rien. Qu'est-ce que l'homme ? Vous le visitez le matin, et tout d'un coup vous l'éprouvez. Mon âme est dégoûtée de ma vie ; je parlerai dans l'amertume de mon cœur. »

Puis le torrent des voix jaillit de nouveau, et les lumières reparaissent. Après la terrible exposition de nos misères vient l'espoir : « O vous qui avez ressuscité Lazare déjà corrompu dans le tombeau, ô Seigneur ! donnez-leur le repos et le lieu du pardon ! »

Cet office des morts, toujours si dramatique, prend, en de telles circonstances, un accent plus pénétrant ; sa voix se double dans les ténèbres. Comment des hommes qui tous les jours se lèvent pour répéter ces chants austères, ne comprendraient-ils pas le peu qu'est la vie et le sérieux de la mort ?

Oui, il y a des hommes qui ont voué leur vie à cela, et ce sont sans doute ceux qui, aux yeux de Dieu, ont eu la plus haute intelligence de la vie ; ils ont choisi la meilleure part et elle ne leur sera pas enlevée.

Et cela n'empêche point ces moines d'être aimables et gais ; l'austérité n'est pas farouche dans l'Église catholique. Une méditation sur la mort n'empêche point de sourire, et les coups de discipline qu'on se donne se changent en actes de charité envers le prochain.

Il nous fut impossible de sortir du monastère, même pour aller jusqu'à la chapelle de Saint-Bruno, à l'emplacement du premier monastère, qui fut détruit par les avalanches.

J'avais fait ce pèlerinage autrefois ; j'étais même monté au sommet du Grand Som, pour y voir lever le soleil, et contempler un immense panorama de montagnes, que dominait le vaste massif du Mont-Blanc, comme un bon géant paternel. Aujourd'hui, c'est absolument impraticable.

Nous descendons par la même route, et, quittant la neige, nous trouvons en bas une température presque printanière et l'agitation vulgaire de la vie humaine.

MINERVE

Il ne s'agit pas de la déesse aux yeux glauques,
mais d'un petit village de l'Hérault, sur les confins
de l'Aude, bizarre par son site, et qui fut jadis la
capitale d'un pays appelé le Minervois.

Tout est vieux dans cette région de l'ancienne
Narbonnaise, et tout est plein de souvenirs. Depuis
Narbonne, aux constructions romaines, jusqu'à
Carcassonne, avec sa double enceinte et ses nom-
breuses tours, l'histoire a semé çà et là des traces
des anciens temps. Simon de Montfort a passé par
là, et c'est à lui que nous devons les ruines de
Minerve.

J'étais alors chez des amis, à Pépieux, un pays
de vendanges s'il en fut ; les grains du raisin s'y
gonflent d'un suc abondant, sous les rayons du
clair soleil ; les lourdes grappes s'inclinent vers
la terre, pleines de promesses joyeuses. Aussi, l'on
ne perd pas un pouce de terrain ; les ceps couvrent
la plaine entière, et les gens d'Azille, qui sont un
peu jaloux, prétendent qu'à Pépieux on cultive la
vigne jusque sur le clocher.

Pépieux est vieux, comme tous les villages de

ce pays-là. Les maisons sont hautes, les rues étroites et pleines d'ombre, alors même que ce terrible soleil du Midi foudroie la plaine de ses rayons. Et dans cette ombre, les femmes s'assoient et travaillent en jasant ; car personne ne songe à rester chez soi dans le Midi. Et comment s'enfermer dans une maison quand il fait si beau dehors ?

De l'autre côté de l'Ognon, un grand ravin, au fond duquel il coule un peu d'eau ; par delà les rangées de ceps de vigne, on aperçoit les premiers renflements des Cévennes. C'est là que se trouvent Minerve et ses voûtes de rochers, Fauzan et sa grotte merveilleuse. C'est là qu'on m'emmena pour me faire voir les curiosités du pays.

On y trouve déjà les particularités des causses, des plateaux calcaires, fendillés, à peu près stériles, sauf en quelques recoins où l'on cultive la vigne ; ailleurs, les troupeaux y trouvent à paître quelques touffes d'herbe, et les abeilles, voletant sur le thym et la lavande qui parfument ces solitudes rocheuses, en extraient un miel embaumé, le fameux miel de Narbonne.

Les cours d'eau se tracent, dans cette roche tendre, des sillons profonds. La Cesse, travaillant avec la patience des forces naturelles, a fini par se creuser une tranchée immense de cent mètres de profondeur ; entre les deux murailles à pic, ses eaux s'écoulent ; du moins il faut en croire les gens du pays, car on ne les voit pas : elles s'en vont sur un lit de cailloux, et ce n'est que dans les crues que cette rivière est visible à l'œil nu.

En descendant, avec l'aide des quatre mem-

bres, par un escalier naturel que la nature a taillé,
bien maladroitement d'ailleurs, dans la paroi du
ravin, on parvient à l'ouverture de la grotte de
Fauzan. Avec un peu de gymnastique, on se hisse
jusque-là, et l'on entre dans les entrailles du sol.

C'est un vaste souterrain, avec de nombreuses
ramifications et de très belles concrétions calcaires,
qui s'étendent en draperies, se développent en
cascades de pierres, prennent les formes les plus
bizarres et reçoivent les noms les plus étranges.

Malheureusement, on a découvert que le sol
de la grotte était de phosphate. Aussitôt, on a
creusé, pour l'exploitation, un puits si bien placé,
que le forage a détruit une des plus belles stalag-
mites, qu'on appelait le bénitier. Qu'est-ce que ça
peut leur faire, aux marchands de phosphate?

C'est tout de même singulier, ce travail de la
goutte d'eau qui suinte, et peu à peu produit une
véritable œuvre d'orfèvrerie d'une extrême délica-
tesse et d'une exquise fantaisie, qui rappelle les
fines sculptures du XVIe siècle.

Mais tout cela n'est pas encore Minerve. A
deux lieues de là, la Cesse rencontre le Brian, qui,
comme elle, s'est taillé un chemin de géant à travers
les roches calcaires du causse. Là où les deux
ravins se joignent, il y a un promontoire, une
langue de rocher, qui sépare les vallées jusqu'au
confluent. C'est sur cette langue de rocher qu'est
située Minerve.

D'en bas, on voit, dans la grande lumière
crue du soleil, monter la roche à pic, austère dans
sa nudité rougeâtre, et là-haut, la couronnant, les

débris des vieux remparts, quelques créneaux, un fragment de tour démolie, les dentelures d'un mur d'enceinte écroulé par endroits ; dans ces ruines, les pauvres maisons du village.

C'était jadis une ville imprenable ; entourée de trois côtés par un abîme profond, reliée au plateau par un isthme étroit, elle pouvait défier tous les assauts. Mais Minerve avait un point faible : elle manquait d'eau.

Aujourd'hui encore les villageois sont obligés de descendre pour s'en procurer ; pendant que nous déjeunions au fond du ravin, au bord du Brian, qui roule un peu d'eau dans son lit, mais qui l'engloutit sous les cailloux aussitôt qu'il se joint à la Cesse, nous vîmes les femmes descendre par un sentier en zig-zag le long de la roche à pic, avec des cruches sur la tête. Les vases remplis, cette théorie de choéphores reprit sa route en sens inverse, et on les vit monter lentement jusqu'aux ruines de là-haut, où elles disparurent. Il y a des siècles que cette procession se fait tous les jours.

C'est ce qui perdit Minerve. Dans la terrible guerre des Albigeois, la soif força la ville d'ouvrir ses portes, et si l'on en croit les traditions, six cents habitants furent brûlés sur la place.

On n'en pourrait pas brûler six cents aujourd'hui ; car Minerve est bien déchue, et l'on ne se douterait guère, à parcourir ses pauvres rues, que ce fut la capitale d'une riche contrée.

Il paraît qu'il reste encore un peu du vieux levain albigeois parmi les braves gens de ce village, et qu'il est certains sujets, — comme l'obéissance au pape, — que le curé ne peut aborder qu'avec quelque précaution.

Tout près de là se trouvent les Ponts de Minerve. Ce sont deux tunnels que la Cesse s'est creusés dans un éperon de rocher qui lui barrait le chemin. Grâce à la particularité de cette rivière, qui cache ses eaux sous les pierres, on peut entrer dans son lit et parcourir ces souterrains qui ont environ deux cents mètres de long.

L'entrée en est formée par une voûte gigantesque qui n'a pas moins de quarante mètres de haut ; une vraie cathédrale. Puis la voûte s'abaisse jusqu'à moitié de cette hauteur. Pendant qu'on se promène sous cette arcade rocheuse, on se demande ce que doivent être là-dessous le tonnerre des flots dans les moments de crue subite, si fréquents dans ces régions déboisées ; les tourbillons, les vagues, les arêtes d'écume et les gémissements formidables des rochers. Mais aujourd'hui, tout est calme ; on aperçoit aux deux extrémités le soleil resplendissant, et l'eau qui coule sous nos pieds ne produit même pas un murmure.

Avec ses ravins escarpés, ses torrents souterrains, ses voûtes naturelles, ses ruines qui se confondent avec les rocs, Minerve est assurément un des sites les plus étranges du Midi. C'est beau de la beauté d'un paysage sans arbres : c'est grand, sauvage, déchiqueté, mélancolique ; il n'y a pas, sur ces pierres, la grâce de la végétation, le baiser de la vie. Ne nous en plaignons pas ; la verdure dérangerait sans doute l'austère impression qu'on emporte de ce lieu.

C'était un endroit propre aux farouches combats de jadis. On croit entendre encore le cliquetis des armures qui resplendissent au soleil, et voir les lourds chevaliers du Nord tenter l'escalade de ces rochers inaccessibles. Quand un lieu joint à la beauté du site le charme d'un souvenir historique, il vaut assurément d'être visité.

Et quand on y est conduit par la main de l'amitié, le souvenir de cette excursion vous reste doublement cher.

SOLITUDE NEIGEUSE [1]

Il n'y a pas de solitude comparable à celle des hauts sommets.

Partout ailleurs on trouve une trace de l'homme. Mais là-haut, on est seul avec Dieu.

Parti d'un village que remplit le bruit des touristes, l'on a monté péniblement à travers les forêts, puis sur les pentes gazonnées, puis sur les rochers nus, et l'on a trouvé, sentinelle perdue de la civilisation, une auberge de granit brut perchée sur la moraine d'un glacier.

On se sent déjà bien seul quand on arrive là, enveloppé d'un nuage qui se résout en flocons de neige. Mais ce n'est pas encore la solitude absolue. Pendant qu'on se chauffe au poêle ronflant de la chambre des hôtes, des éclats de rire vous arrivent par bouffées de la salle voisine, où guides et aubergistes passent une joyeuse soirée.

Mais, le lendemain matin, quand, la corde sanglée autour du corps, vous mettrez, après votre guide, le pied sur la neige craquante du glacier, c'est dans la

(1) Souvenir d'une excursion au Breithorn de Zermatt.

vraie, profonde, absolue solitude que vous entrerez.

Maintenant que les nuages sont dissipés, que le soleil levant allume les aiguilles de glace et met un resplendissement immense à la surface des neiges, montez vers ce dôme éblouissant qui domine votre horizon ; l'auberge se rapetisse et disparaît presque ; dans la lointaine vallée, les forêts s'estompent en une couche sombre et indécise ; nul bruit ne monte des régions inférieures ; nul animal ne vient troubler la quiétude puissante de ces déserts ; seuls, trois hommes montent dans l'immensité blanche.

Mais leurs pas, étouffés par la neige, ne rendent aucun son, et rares sont les paroles qui sortent de leur bouche ; le ciel est silencieux, la terre est silencieuse, et l'on a l'impression d'un silence écrasant, éternel, et il semble que ce soit le silence même d'où Dieu sortit quand il créa le monde.

Et l'on se sent seul, absolument seul, en face de la grande nature sauvage, et l'on voit que l'on est bien peu de chose dans cette immensité de pics hardis, de dômes étincelants, de neiges immaculées.

Pauvre point noir perdu sur tant de blancheur, imperceptible d'en bas, l'homme sent qu'il est là dans la main de Dieu, et il comprend combien il y pèse peu. Il semble que le ciel est tout près, et la terre bien loin, et qu'on est parvenu dans un autre monde, grand, sublime, froid, éblouissant, sauvage.

C'est une âpre jouissance de pénétrer plus avant dans cette solitude, de s'élever plus haut au-dessus de la demeure des hommes : il y a une sorte d'ivresse des grandes cimes, faite d'éléments divers, de l'orgueil de la difficulté vaincue, et de la sublimité de ces spec-

Le Breithorn de Zermatt et l'Auberge de Saint-Théodule.

tacles d'en haut, et du sentiment que le petit nombre seulement peut en jouir.

C'est un plaisir qui ne se laisse conquérir qu'au prix de grandes fatigues ; il faut de longues marches, fort pénibles, quand la neige est détrempée et qu'on y enfonce à chaque pas jusqu'au-dessus du genou ; il faut braver le froid qui règne en maître dans ces régions ; je montai par un vent qui soufflait avec fureur, en nous fouettant la figure de tourbillons de neige glacée. Il faisait si froid, qu'après une halte de quelques minutes pour déjeuner, je me demandais si je n'aurais pas les pieds gelés. J'en eus la figure toute cuite, et il me fallut, les jours suivants, faire peau neuve comme après une insolation.

Et cependant, cette journée a été une des meilleures de mes voyages. C'était si beau, cette immense étendue de montagnes neigeuses ! Toute la vallée de Zermatt encaissée entre deux formidables remparts, dont je n'apercevais guère que les têtes blanches ; tout près, cette superbe pyramide du Cervin, si fièrement drapée dans un manteau de neige, qui laisse en maint endroit apercevoir l'ossature du rocher, comme ces haillons déchirés dont certains mendiants se font un vêtement pittoresque : ce Cervin, si escarpé qu'il semble inaccessible, et qui, justement pour cela, attire et fascine les grimpeurs de hautes montagnes. Que de victimes il a déjà faites, depuis la fameuse catastrophe de la première caravane qui en atteignit le sommet ! Ils étaient partis sept, ils revinrent trois ; les autres avaient fait une chute de 1,300 mètres.

Il y a à Zermatt tout un cimetière de victimes des montagnes ; le Cervin s'y est taillé la part du lion.

Bien que le Breithorn soit infiniment plus facile que le Cervin, il y a cependant, dans toutes ces hautes excursions, un grain de danger, qui, si léger qu'il soit, donne un condiment à l'ascension et la rend plus piquante. La corde qui vous rejoint à vos compagnons, les précautions du guide, qui s'assure avant de franchir une crevasse de l'endroit où il pourra poser ses pieds, l'air mystérieux dont il examine le temps au moment de partir, les histoires qu'on a lues, la proximité du Cervin destructeur d'hommes, tout concourt à vous donner au moins l'idée de quelque danger, et imprime un cachet de sérieux extraordinaire à cette excursion.

On a bien mérité après cela de contempler le splendide panorama que l'on domine de là-haut. On ne pourrait peut-être pas, dans un autre endroit des Alpes, voir un pareil ensemble de neiges et de glaciers.

On aperçoit depuis le mont Blanc jusqu'aux Alpes bernoises. Sur le versant italien, se dresse le massif du Grand Paradis. Tout près de là, le mont Rose, le second sommet de l'Europe ; les crêtes blanches dont la double enfilade enserre la vallée de la Viège. Dans le lointain, encore des neiges et des glaciers ; par delà la vallée du Rhône apparaissent les grands pics de l'Oberland.

Là-dessus, un ciel sans nuage, excepté vers les confins de l'horizon ; mais non pas bleu, car à cette hauteur il apparaît de couleur sombre ; un grand soleil d'août dont les rayons se répercutent de tous côtés sur les champs de neige, et qui fait un contraste singulier avec le froid dont on est pénétré.

Six à sept heures de descente nous mettront dans la vallée vers le coucher du soleil, là, nous retrouverons la température de l'été, après avoir grelotté le matin dans le vent et la neige.

En quittant Zermatt le lendemain par le chemin de fer de Viège, je me retournerai plus d'une fois pour apercevoir encore, dominant la vallée, la vaste échine du Breithorn qui étincelle aux clairs rayons du matin.

LA TAMINA

J'ai vu bien des gorges de montagnes : celle du
Fier, près d'Annecy, et celles de la Diosaz, où les eaux
bruyantes se permettent sept à huit cascades ; celles
du Triant, où l'on tire un coup de pistolet pour cinquante centimes ; celles de l'Aar, que la Compagnie qui
les exploite proclame, sur un grand écriteau, les plus
belles du monde ; celle du Gorner à Zermatt, et celles
de la Partnach à Partenkirchen en Bavière ; je passe
les moins connues.

Cela se visite comme une exposition, avec un tourniquet à l'entrée, et cela s'exploite comme une mine
d'or. Heureux les villages qui possèdent une gorge
dans leur voisinage !

Malgré toute cette préparation, d'ailleurs nécessaire pour qu'on puisse visiter ces jeux grandioses de
la nature, on passe de bons moments sur les galeries
incrustées dans le roc, à se pencher au-dessus des
eaux folles, à contempler les rochers qui s'élèvent
perpendiculaires, tantôt austères et tantôt festonnés
d'arbustes verdoyants.

Mais je n'ai pas vu de gorge si étroite et si sauvage

que celle de la Tamina, dans le canton de Saint-Gall, sur la frontière d'Autriche.

D'abord le chemin qui y mène est charmant. Les eaux y sont noires et les roches grises ; car on est dans le voisinage des Grisons. Mais la verdure pousse de si bon cœur sur ces sombres murailles, et l'eau se trémousse avec tant d'entrain que tout semble gai dans ce paysage.

De tous côtés accourent des ruisseaux turbulents, tous sombres, mais chacun d'une nuance différente, et qui bondissent en cascades dans le torrent principal. On en compterait bien sûr plus de cent en une heure de marche.

Comme Ragaz est une ville de bains très fréquentée, et qu'il y a, à l'entrée même de la gorge, le grand établissement balnéaire de Pfeffers, la route est très animée : équipages et piétons se croisent à chaque instant. Ce sont peut-être des princes ou des rois qui passent, car il y en a en ce moment à Ragaz ; mais, comme rien ne ressemble plus à d'autres hommes, impossible de connaître ceux qu'on doit respecter.

Pour gagner la gorge de la Tamina, il faut traverser l'établissement de bains, qui barre toute la vallée ; il est vrai qu'il n'en barre pas large.

Quand on a payé sa place, et loué un capuchon imperméable qui vous permettra de revenir à peu près sec, on peut enfin s'accorder le spectacle attendu.

La fissure que le torrent s'est creusée est étroite, tortueuse ; entre les murs de rochers, on n'aperçoit qu'un peu de l'azur du ciel ; parfois même on ne le voit plus du tout ; on se croirait dans une caverne où gronderait le fracas d'une vaste usine souterraine.

De tous ces rochers contournés, arrondis en bosse par les glaciers de jadis, jaillit une averse ; les ruisseaux d'en haut s'émiettent sur votre tête avant de rejoindre la Tamina, qui, pressée et furibonde, prend à peine le temps de les recevoir au passage.

Arrivé au bout de la galerie qui permet de pénétrer dans l'horreur sainte de ces lieux, on voit sortir d'une caverne une vapeur chaude, la vapeur qui trahit jadis, dit-on, la source bienfaisante où s'abreuvent maintenant les valétudinaires de Pfeffers et de Ragaz.

Un homme se trouve là naturellement ; moyennant rétribution, il vous éclaire et vous fait pénétrer dans la caverne, où l'on boit à la source fumante, ce qui n'est pas un régal. On le fait tout de même, pour dire qu'on l'a fait.

Puis l'on revient, sous l'averse des gouttes argentées, dans le bruit du torrent, à travers les formes fantastiques des rochers.

Voilà la gorge de la Tamina.

UN AMI DE LA FRANCE

Monté à pied jusqu'au sommet du Pilate, j'en descendis par le chemin de fer à crémaillère, qui me déposa à deux lieues de mon point de départ.

Je me mis en devoir de le regagner pédestrement, par la belle route qui contourne le lac des Quatre-Cantons. J'allais d'un pas tranquille, rêvant, charmé de l'azur des eaux et de la verdure des arbres, quand les premières gouttes d'une averse me tirèrent de ma rêverie.

Confiant dans les promesses du soleil, je n'avais rien pris pour me protéger. Il fallait se mettre à l'abri. J'avisai une grande bâtisse au bord du lac, et j'y entrai.

C'était une vaste forge, large comme une grange ; dans le foyer adossé au mur brûlait un feu de charbon ; auprès, accroupi par terre, attentif à sa besogne, un petit homme sec, nerveux et noir comme un diable, examinait je ne sais quel instrument de fer.

J'eus beau faire une entrée aussi bruyante que possible ; le personnage ne détourna pas la tête ; j'avançai en toussant, en frappant du pied : il ne bou-

gea pas ; seulement quand je fus sur lui, il tres--
saillit, et se leva tout surpris de voir un étranger à
ses côtés. Je lui dis en allemand :

« Monsieur, il pleut ; je n'ai pas de parapluie et je
viens m'abriter chez vous. »

Pas de réponse. Mais le vieux arrondit sa main
autour de son oreille en forme de cornet acoustique ;
je comprends qu'il est sourd, je rassemble mes forces,
et je lui crie :

« Monsieur, il pleut ; je n'ai pas de parapluie, et je
viens m'abriter chez vous. »

A la troisième fois, le noir visage se détend ; il a
compris sans doute. Tout d'un coup, le voilà parti à
travers la forge, gesticulant et lançant à pleine poitrine ses *Ia ! Ia !* qui résonnent dans la vaste pièce. Il
va fermer la porte par où j'ai pénétré dans son domicile, puis celle qui lui fait face, et revient à moi
avec un air sérieux qui semble dire : A nous deux,
maintenant.

Mais pas du tout. « C'est pour empêcher la pluie
d'entrer », me dit-il en montrant les portes.

Puis ce singulier personnage retourne à son soufflet, et, pendant quelques minutes, active en silence le
feu de sa forge. Il en tire un fer rouge qu'il s'apprête
à battre ; mais, brusquement, il le laisse sur l'enclume,
vient se poser devant moi, et me regardant dans les
yeux, me dit :

— Etes-vous Allemand ?

— Non, je suis Français.

Alors, il me saisit par le bras, et m'entraîne de
force jusqu'à sa fenêtre qui donne sur le lac, et, me
montrant la rive opposée qu'on aperçoit à travers le
brouillard de la pluie :

Lac des Quatre-Cantons.

« Vous voyez, me dit-il, ces montagnes et ces prairies ; tout cela, c'est pour la France ! La petite Suisse pour la grande France ! Vive la France ! »

Puis il me ramène jusqu'à sa forge, et, en me lâchant le bras, il ajoute, avec un geste énergique :

« Des Allemands, il n'en faut pas ! »

Après cette déclaration catégorique, dont j'étais un peu abasourdi, le bonhomme recommença à tirer le soufflet tranquillement ; mais la glace était rompue, et malgré la difficulté que j'avais à comprendre son patois et à lui faire comprendre mon allemand, la conversation reprit bientôt. Il me fit la politesse de me parler de politique française.

« Karnott, me dit-il après un court silence ; Karnott, on l'a tué.

« Oui, mais celui qui l'a tué, on le fera capout.

« S'il était ici, ce serait déjà fait ; » et il brandissait une énorme barre rougie au feu ; s'il lui avait pris l'idée de me faire capout à ce moment-là, ce n'aurait pas été long. Mais il ne songeait qu'à Caserio, dont le procès était pendant à cette époque.

« Et pourtant, ajouta-t-il d'un air admiratif, c'était un brave homme, Karnott !

« — Oui, mais Casimir-Périer aussi, c'est un brave homme.

« — Oh ! oui, Kassimir ! » Puis, se redressant avec fierté :

« Je les connais tous, vos présidents de République... » Et il s'apprêta à me les réciter :

« D'abord, il y a eu Tirse (Thiers). Et puis, Mac-Mahône. Et puis, comment s'appelle-t-il le troisième ?

« — Grévy.

« — C'est cela : Kreffy. Et puis Karnott, et puis Kassimir. »

Je le félicitai de son érudition, et je parus m'étonner de trouver une si grande science politique dans une forge suisse.

« Oh ! moi, me dit-il, je sais tout ce qui se passe dans le monde. Tenez, vous allez voir. »

Alors, il ouvre une armoire, et, apercevant une bouteille, la compagne de sa solitude, ne peut s'empêcher de lui donner une accolade. Puis il tire un journal de Lucerne, et me l'apporte triomphalement :

« Vous voyez ; ici, l'Europe ; là, l'Amérique ; plus loin, l'Asie, l'Afrique, l'Océanie. J'ai des nouvelles du monde entier. »

Et il cherche à lire dans ma physionomie l'étonnement qu'il s'attend à produire.

Puis il se redresse encore, et me dit à brûle-pourpoint :

« J'ai été soldat. »

Je le félicite d'avoir été soldat.

« Oui, j'ai été soldat dans l'artillerie. »

Et, craignant que je ne comprenne pas bien, il ajoute avec des gestes démonstratifs :

« Vous savez, l'artillerie ; canône, boum ! »

Pendant ces explications, que rendait assez pénible la difficulté de nous comprendre, l'averse avait passé, et le soleil recommençait à sourire aux flots bleus du lac.

Je le fis remarquer à mon politicien, et je serrai fortement, avant de partir, la main noire que me tendit cet ami d'un instant.

On fait d'étranges rencontres en voyage.

A PIED

Jean-Jacques a bien souvent noirci son papier
mal à propos, mais non pas, à mon avis, le jour
où il écrivit ceci : « Jamais je n'ai tant pensé, tant
existé, tant vécu, tant été moi, si j'ose ainsi dire,
que dans les voyages que j'ai fait seul et à pied.
La marche a quelque chose qui avive mes idées ; je
ne puis presque penser quand je reste en place ; il
faut que mon corps soit en branle pour y mettre
mon esprit. »

Voyager seul et à pied : il faut être d'une certaine humeur pour cela, ne pas craindre la fatigue
et ne pas s'ennuyer de la solitude. Mais, quand on
est de ce tempérament-là, et qu'on peut faire le
voyage de cette sorte, il devient une source de
riches observations et de sensations personnelles
plus profondes. Il met vraiment l'esprit en branle :
à quoi ne songe-t-on pas, pendant que l'on dévore
le long ruban des routes, ou qu'on arpente les
sentiers étroits ?

Quand il faut soutenir une conversation, il s'y
mêle naturellement beaucoup de banalités qui vous

volent une partie de vos impressions. Tout seul,
on marche, on voit, on sent et l'on réfléchit en
même temps.

Et puis, j'en demande pardon à la civilisation,
mais le voyage est plus intéressant à mesure qu'il
est plus primitif. On voit mieux d'une voiture que
d'un chemin de fer, mieux encore d'un cheval ou
d'un mulet, et mieux surtout à pied. Plus c'est
incommode, et plus l'on jouit.

Ceci est vrai de tous les voyages, quand le pays
vaut la peine d'être vu, mais surtout des voyages
en montagne. La nature se révèle par degrés au
touriste, suivant la peine qu'il prend pour la connaître.

Celui qui parcourt la Suisse en chemin de fer
pourra conserver le souvenir de quelques splendides
aperçus ; mais ce ne seront que des aperçus ; la
plus belle partie des beautés alpestres lui est restée
inaccessible.

S'il consent à s'empiler avec d'autres dans une
diligence, ou si ces moyens lui permettent de louer
une voiture particulière, il verra mieux déjà ;
mais la voiture n'a pas de fantaisie ; elle ne sait
pas flâner ; elle ne peut se détourner de son chemin ;
les grands sommets la regardent passer avec dé-
dain dans le fond des vallées ; ils savent bien que
les hauteurs ne sont pas pour elle.

Si la voiture n'a pas de fantaisie, le mulet en
a quelquefois, non pas toujours des plus agréables ;
toutefois, avec lui l'on pénètre déjà bien avant dans
le sein de la montagne ; mais il vient encore un
moment où il s'arrête ; c'est alors qu'il faut des-

cendre et continuer avec cet ancien véhicule dont l'invention remonte à la création de l'homme, et qui, après tout, n'a pas son pareil pour les voyages d'agrément.

Si vous avez du beau temps, de bonnes jambes et du courage dans le cœur, de grâce, partez à pied ; c'est à vous que la nature se livrera, et vous en jouirez à votre aise, comme il vous conviendra, aussi longtemps que vous voudrez.

A pied, tous les chemins vous sont ouverts, depuis la grand'route où la diligence soulève un nuage de poussière, jusqu'à la *cheminée*, où des entailles dans le rocher vous permettront de grimper.

A pied, les sommets vous appartiennent ; non seulement vous jouissez du panorama qu'ils découvrent ; mais vous avez le sentiment de l'avoir conquis ; en y montant, vous avez aperçu mille choses qu'un chemin de fer, même à crémaillère, ne saurait vous faire voir.

A pied, vous pouvez contempler la vie de la montagne ; vous traversez les troupeaux aux sonnettes bruyantes, les fermes en bois noirci ; vous recevez et rendez le salut respectueux du paysan.

A pied, vous jouissez de ce bien suprême, la liberté, partant quand vous voulez, marchant de l'allure qu'il vous plaît. On s'arrête devant les beaux spectacles, on cueille les fleurs étranges des grandes altitudes ; on fait un détour s'il vous en prend fantaisie. Enfin l'on est son maître et l'on possède vraiment la montagne.

J'ai toujours beaucoup marché à pied dans mes voyages, mais surtout en Suisse, ce pays si truqué que, pour échapper aux commodités de la vie moderne, il faut nécessairement se faire piéton. Et encore !

C'est ainsi que j'ai fait l'ascension du Breithorn, puis celle de l'Eggishorn, dans le Valais, puis celle du Pilate ; c'est ainsi que je me suis rendu du glacier du Rhône à Meiringen, et de Meiringen à Grindelwald. C'est à pied que je suis arrivé au fameux pèlerinage d'Einsiedeln.

L'Eggishorn est une montagne chérie des Anglais. Il est curieux comme certains endroits attirent certains peuples. Quant à nos compatriotes, je dois avouer qu'ils n'affectionnent aucun sommet particulièrement ; ils n'affectionnent même pas les sommets du tout ; on en rencontre très peu sur les hauteurs.

C'est donc dans un ramage perpétuel de langue anglaise que je fis cette ascension. Car à moins de monter dans les neiges, il ne faut pas s'attendre à trouver la solitude en Suisse.

A deux heures du sommet, s'élève un immense hôtel, avec télégraphe et tout ce qui s'ensuit. Tout cela est plein de monde ; les uns montent, les autres descendent ; les autres restent. Nous sommes loin de la Suisse de Guillaume Tell. Et encore, on n'y peut monter qu'à mulet ! Que serait-ce s'il y avait un funiculaire !

Après avoir franchi la zone des pâturages, on entre dans celle des rochers ; et comme la main de la nature, toujours un peu rude envers ces êtres-là, les a malmenés et émiettés, la dernière partie du voyage n'est pas la plus facile. Enfin, l'on arrive à l'entassement de roches éboulées qui forme le sommet, et, de là, on découvre la plupart des grands pics de l'Oberland ; et l'on est dédommagé de la fatigue de cinq heures de montée.

Voici la fameuse Jungfrau, la Vierge, éternellement voilée, dit Schiller ; aujourd'hui, son voile blanc, étincelant du plus vif éclat, se découpe nettement sur un ciel pur ; le Moine, à ses côtés, dresse fièrement la tête sous son capuchon de neige ; puis, l'arête déchiquetée de l'Aletschhorn, et les pics aux noms pesants et interminables : l'Oberaahorn et le Finsteraarhorn. Rien qu'en les prononçant, on a l'idée de la masse qu'ils représentent.

Une grande partie des champs de neige de ces montagnes se réunissent pour former un vaste glacier, le plus grand des Alpes, le glacier d'Aletsch Comme un gigantesque fleuve de glace, parti de la Jungfrau, il se replie en contournant le pic d'Aletsch, et s'abaisse insensiblement jusqu'aux forêts de sapins, où il verse le torrent que le soleil tire de ses entrailles. On le voit dans toute son étendue, qui est de six lieues. Son dos, d'une blancheur bleuâtre, strié de crevasses transversales, est sillonné de deux ou trois bandes sombres qui le suivent dans toute sa longueur.

On le dirait immobile, endormi dans la lumière du soleil ; et cependant, comme tous les glaciers, il est animé d'un mouvement lent et irrésistible ; des rochers qu'il amène de là-haut, il se fait un double rempart, qu'on appelle la moraine ; agent puissant qui contribue pour sa part au nivellement de la terre, en transportant dans les vallées ce qu'il a pris sur les hauteurs.

Un de ses flancs est baigné d'un petit lac bleu-vert où surnagent trois ou quatre gros glaçons, qui se sont détachés de la masse et fondent paisi-blement.

Tout autre est l'excursion du glacier du Rhône à Meiringen. Ce n'est pas une ascension, mais le passage d'une vallée dans une autre.

Elle se fait par le col de Grimsel, une des passes les plus fréquentées des Alpes dans les anciens temps, avant que les tunnels eussent perforé les montagnes et rejoint les vallées.

Le Grimsel se modernise également. On y faisait une route quand je suis passé, et maintenant les voitures roulent où grimpaient les mulets.

La passe, qui est située par plus de deux mille mètres d'altitude, offre le spectacle le plus désolé ; des rochers, un peu d'herbe par endroits, très peu ; un petit lac sombre, qui porte le nom de Lac des Morts. Ce défilé a été le théâtre d'une vic-toire des Français en 1799.

Les Autrichiens et les habitants du Valais s'é-taient retranchés là. Remontant la vallée de l'Aar, les Français les attaquèrent. La fusillade crépita sur les rochers. Comment peut-on se battre en de pareils endroits ? Enfin, les ennemis furent culbutés dans la vallée du Rhône, et l'on jeta les morts dans le petit lac, qui garde leurs os et leur emprunte son nom.

Un peu au-dessous de cette crête se trouve, depuis fort longtemps, un hospice fondé pour les voyageurs qui passent par cette route, et obligé d'héberger gratuitement les indigents. De nos jours, cet hospice est devenu un véritable hôtel, mais appartenant encore à la commune où il se trouve.

Après l'hospice, on traverse un fort torrent jaunâtre ; c'est l'Aar, l'Aar tout enfant, pris à son berceau, à peine sorti de son glacier. Jusqu'à Meiringen, on ne le quittera plus ; mais on le verra grossir, s'enfler du tribut d'autres torrents, et sa vallée, si sauvage dans ces hauteurs, on la verra peu à peu s'orner, s'adoucir ; une transformation va s'opérer ; et, graduellement, les rochers arides du Grimsel deviendront les riches et pittoresques campagnes de Meiringen.

D'abord voici quelques prairies, envahies il est vrai par les pierres des avalanches ; mais les montagnards ont la patience de les réunir en tas chaque printemps, et l'herbe pousse dans les intervalles. Deux chalets abritent les troupeaux de ce domaine, qui fut donné jadis par les Français à un paysan pour les avoir guidés à l'assaut du Grimsel.

Un peu plus bas, quelques arbustes nains se décident à risquer l'existence ; ils sont bien pâles, bien rabougris, les pauvres ! Dans un autre climat, ce seraient des arbres superbes ; mais, comme à tant d'hommes, l'occasion leur a manqué.

Un grondement formidable emplit maintenant la vallée, qui commence à se desserrer, et ouvre des perspectives plus riantes. C'est le Niagara de l'endroit, la chute de Handeck, l'une des plus fortes de la Suisse.

L'Aar, déjà gros torrent, se précipite d'une hauteur

de soixante-quinze mètres, et du gouffre remonte un nuage de vapeur où se jouent des arcs-en-ciel qui se croisent, se détruisent et renaissent perpétuellement. Rien de plus lourd que cette masse d'eau qui tombe comme un plomb, et rien de plus léger que cette vapeur irisée qui flotte au-devant de la cascade.

Un autre torrent vient se joindre à la fête, et lance son jet d'argent dans les eaux dorées de l'Aar. Les deux chutes se mêlent ; les eaux tourbillonnent ensemble, et partent, rapides comme une flèche, vers les pays enchanteurs de la basse vallée.

> Hasly ! frais Elysée ! honneur des pâturages !
> Lieu qu'avec tant d'amour la nature a formé,
> Où l'Aar roule un or pur en son onde semé !

Ainsi chantait Chénier, un des premiers qui nous aient parlé de la Suisse. Ce n'est qu'au-dessous de Guttannen, que l'Hasly, ou vallée de l'Aar, devient un frais Elysée. Là nous entrons dans la Suisse classique.

Peu à peu, la taille des arbres a grandi, la verdure des prairies s'est étendue ; maintenant, tout est frais, riant ; les eaux murmurent plutôt qu'elles ne grondent ; les oiseaux chantent ; tout vit et s'anime.

L'Aar s'étend nonchalamment dans une vaste plaine, quand un énorme rocher lui barre le passage. Une rivière de montagne ne s'embarrasse pas pour si peu ; elle s'ouvre un passage, profond de deux ou trois cents mètres, entre deux murs à pic qui, parfois, se rapprochent tellement qu'on peut toucher les deux parois en même temps.

C'est la célèbre gorge de l'Aar ; quand on en

sort, on se trouve en face de Meiringen, petite ville
toute neuve, qui sort à peine de ses cendres, car
un incendie a récemment dévoré ses vieilles et
pittoresques constructions en bois.

On pourrait l'appeler la ville des cascades, car des
pentes boisées qui l'entourent descendent des eaux
bondissantes, qui enveloppent tout le paysage d'un
murmure lointain.

La plus considérable est le Reichenbach, dont
on voit de loin la belle nappe blanche, comme un
flot de mousseline légère, au flanc d'une sombre
forêt de sapins.

Cette cascade étant sur le chemin de Grindelwald, je la visite en passant.

On a eu soin de construire une maison sur le
rocher d'où on peut mieux la voir ; mais moyennant cinquante centimes, on vous admet dans la maison, et vous pouvez regarder par la fenêtre ; vous
voyez comme c'est pittoresque.

Puis, dans la fraîcheur du matin, je monte
vers Rosenlaubad. Le chemin est délicieux, inondé
parfois, mais peu importe. Bois de sapins, prairies
fraîches comme un matin de printemps, torrent gron-
deur, mais non point trop fougueux, c'est là Suisse
pastorale, gracieuse et poétique. Mais la grandeur
est à côté de la grâce. L'effrayante muraille du Wet-
terhorn se dresse à pic sur la gauche ; on aperçoit par
moment des glaciers et des neiges éternelles. Les
grands sommets sont tout à côté ; c'est sous leur
surveillance austère que la nature alpestre épanouit
pour vous tous ses sourires.

Ne craignez pas d'être seul sur ce chemin ;

outre les auberges qu'on a construites, où l'on suppose que vous aurez soif, vous rencontrerez une série de mendiants qui vous feront du pittoresque pour de l'argent.

Celui-ci joue du cor des Alpes, interminable instrument fait d'écorces d'arbres enroulées.

Il s'est posté en un endroit où l'écho lui renvoie la fin de ses phrases musicales. Donnons-lui quelque chose en passant ; c'est la seule manière d'entendre le cor des Alpes qui nous reste aujourd'hui. Après tout, il fait meilleur effet ici que dans les corridors de l'hôtel du Rigi, où, par respect de la couleur locale, on vous réveille au son de cet instrument alpestre.

A un détour du chemin, à un coin de bois peut-être, vous rencontrez un homme armé d'un pistolet. Oh ! ce n'est pas un brigand qui va vous demander la bourse ou la vie. Non, une petite partie de votre bourse lui suffira. Donnez-lui cinquante centimes, et il vous apprendra ce que c'est que l'écho des montagnes. Il presse la détente ; un coup de tonnerre retentit, roule, se répercute, semble tout ébranler, et meurt lentement, après avoir épuisé tous les échos voisins. Il y en a bien pour cinquante centimes.

Après avoir traversé les troupeaux, qui, sonnaillant, se réunissent pour le midi, j'arrive à l'auberge de la Grande-Scheidegg, située sur le dos qui sépare les deux versants.

Alors s'ouvre la perspective de la vallée de Grindelwald, avec quelques-uns des plus hauts sommets de l'Oberland.

Déjà la descente me découvre les deux glaciers bleus de Grindelwald, célèbres jadis, quoiqu'ils n'aient rien d'extraordinaire, mais parce qu'ils furent des premiers qu'on explora.

J'entends encore un roulement de tonnerre qui se prolonge sur les cimes neigeuses ; est-ce un second coup de pistolet ? Non, un peu de fumée blanche qu'on aperçoit là-haut indique que c'est une avalanche qui vient de tomber.

Dans l'Oberland, les avalanches sont fréquentes, et l'on entend souvent retentir le bruit sourd qui les accompagne. Mais ce n'est qu'au printemps qu'elles descendent jusqu'aux lieux habités. En été, elles sont dangereuses seulement pour les héros qui, comme Tartarin, se risquent dans leur domaine.

Je n'en ai pas fini aujourd'hui avec les bruits grondants de la montagne. Le ciel se couvre, et le tonnerre, le vrai, arrache de terribles plaintes aux monts qu'il sillonne de ses éclairs. Les roulements courent d'une montagne à l'autre, sont rejetés de rochers en rochers, amplifiés par les échos ; la montagne a trouvé une voix digne d'elle ; elle mugit, d'un mugissement si vague que le ciel immense en est rempli. Ce sont des paroles formidables que les sommets échangent entre eux.

Leur voix inarticulée avertit le voyageur de se presser. J'arrive en courant à Grindelwald, au moment où le ciel ouvrait ses cataractes, et je n'ai que le temps de me réfugier dans la première maison que je rencontre.

A PROPOS DE LA MADONE SIXTINE

Devant ce chef-d'œuvre de Raphaël, bijou de la galerie royale de Dresde, pour lequel en a réservé une salle à part, afin qu'aucun autre tableau n'attire le regard du spectateur ; devant la Madone Sixtine donc, l'administration prévoyante a fait placer un banc, où l'on peut à l'aise contempler les divines figures, et se livrer aux rêves que provoque le pinceau du grand artiste.

Un peu de désenchantement d'abord ; Raphaël ne tire pas l'œil ; il faut le contempler, s'en imbiber pour que, dans la perfection suprême de cette peinture, vous apparaisse peu à peu toute l'élégance, la grâce, le charme essentiellement délicat, la poésie dont il a pénétré son œuvre.

Puis le charme opère graduellement ; les figures s'animent, et l'on se sent entrer dans l'âme du grand peintre, amant de la beauté.

Qu'ils sont délicieusement naïfs, ces deux bambins à ailes d'anges, qui, accoudés sur le bord du tableau, regardent rêveusement en l'air vers la Vierge, leur reine !

Et saint Sixte, avec ses cheveux et sa barbe hirsutes, mais très doux ; on dirait presque une tête de vieux mendiant, mais très distinguée et digne d'appartenir à un Pape des premiers temps ; exemple de ce réalisme mitigé que Raphaël savait allier avec le souci de l'élégance et le culte de la beauté.

Sainte Barbe lui fait pendant, idéal de beauté parfaite, divine vraiment. Avec une grâce toute féminine, elle retient à l'épaule les plis de son vêtement, et tourne vers le spectateur son visage d'un pur ovale et d'une régularité parfaite.

La Vierge elle-même n'est pas plus belle, mais elle est plus mystique ; ses yeux ouverts plongent dans je ne sais quel mystère qui l'étonne, et le Fils aussi, soutenu dans les bras de sa Mère, semble regarder l'infini.

Le mouvement des draperies, l'expression des figures, le choix des couleurs, tout caresse l'œil d'une caresse de perfection à laquelle rien ne manque, produit une impression de calme et de repos.

Alors je me rappelle les autres tableaux de Raphaël qui me sont restés dans la mémoire ; tous sont également reposés ; son élégant saint Michel terrasse le démon avec une aisance suprême et un calme parfait ; toute paisible aussi, sa sainte Famille du Louvre ; et cette madone degli Ansidei, à Londres, qui rappelle celle de Dresde et la vaut peut-être, quel tableau tranquille encore ! Et il me vient cette réflexion que, d'après ce que j'en ai vu jusqu'ici, il manque aux œuvres de ce grand peintre quelque chose qui fait plus de la moitié de la vie humaine, quelque chose où la plupart des artistes ont puisé un éternel élément d'intérêt : la douleur.

Non pas qu'elle soit totalement absente de son œuvre : le démon se tord sur le sol rougi de flammes, et l'enfant lunatique de la Transfiguration a la figure bouleversée par son terrible mal. Mais ce n'est qu'accidentellement qu'il l'a dépeinte, quand il a daigné toucher la terre ou l'enfer.

Et pourtant, la douleur a sa place dans les scènes évangéliques, et d'autres peintres en ont su tirer des œuvres splendides. Le Christ fut appelé par le prophète un homme de douleurs, et la Vierge a reçu des chrétiens le nom de *Mater dolorosa*.

Le moyen âge fut vivement frappé de cet aspect du christianisme ; il multiplia les crucifiements, les Notre-Dame de Pitié ; il fit des Christs sanglants, maigres, livides, sillonnés de longues traînées rouges, « en qui il n'y avait plus de partie saine, depuis la plante des pieds jusqu'au sommet de la tête ». Il fit des vierges pâles, aux yeux gonflés de larmes ; et ceux qui souffraient, devant de telles images, osaient parler à Dieu de leurs misères et espérer qu'il compatirait, puisqu'il avait souffert.

Mais Raphaël était un demi-païen ; de l'antiquité ressuscitée, il avait reçu le culte de la beauté plastique, et ne donna de l'expression qu'autant qu'il le pouvait sans déranger les lignes idéales de ses figures. Par un art infini, il échappa à cet écueil de faire des têtes froidement belles, ses tableaux vécurent d'une vraie vie, mais d'une vie

La Madone Sixtine.

tranquille. S'il est le plus parfait des peintres, il est assurément un des moins dramatiques de tous.

A-t-il donc ignoré cette source d'art si féconde, la souffrance de l'âme? Il le semble vraiment. Et pourtant, il avait certainement souffert, cet adolescent dont le regard mélancolique vous suit dans la galerie du Louvre. Comment ne retrouve-t-on pas sur ses toiles, comme sur celles d'Andrea del Sarto, un écho des souffrances de sa vie?

Mais peut-être ai-je exagéré mes critiques en suivant le cours de mes réflexions. Aucun artiste ne nous donne la vie tout entière; c'est seulement dans l'ensemble des grandes œuvres produites par l'homme qu'on trouve l'image complète de l'homme. Chacun de ses peintres l'a vu sous un angle spécial, et l'a dépeint tel qu'il l'a vu. Les uns nous ont donné ses pleurs, d'autres son rire; d'autres l'ont pris au repos. Il ne faut demander à personne d'être complet.

Et puis, n'était-il pas injuste de traiter Raphaël de demi-païen? Le christianisme, vaste au moins comme l'humanité, comporte mille aspects différents, et parce que deux esprits croyants ne l'ont pas vu sous le même angle, il ne s'ensuit pas que l'un est nécessairement dans le vrai et l'autre dans le faux.

Les uns seront frappés de sa mystique, les autres de sa bienfaisance charitable; d'autres, de sa profondeur dogmatique; d'autres, de son élévation morale. Or, le christianisme a tout cela; si chaque vue est incomplète, elle n'en est pas moins juste.

Il en va de même pour la conception que les artistes s'en sont faite. Au moyen âge, on a peint le Dieu fait homme, dans sa vie terrestre, avec ses douleurs, parfois même avec les vulgarités de cette vie.

Raphaël, lui, a peint le ciel.

On ne peut nier l'influence païenne sur lui ; mais on ne peut nier non plus que son siècle était profondément imprégné de christianisme ; que les artistes de cette époque étaient des croyants et des pratiquants ; ils n'étaient pas des saints, c'est vrai ; mais sous le vernis antique devait tout de même transparaître le christianisme qui avait modelé leur âme.

Raphaël a choisi des sujets suivant son tempérament, et c'était son droit. C'est rarement qu'il a peint des scènes de la terre ; et puisqu'il a mis la plupart de ses sujets dans le ciel, il était juste que la douleur en fût bannie.

Aussi ses madones, ses anges et ses saints ont-ils une expression de contentement parfait, de satisfaction calme et idéale, celle qu'on doit éprouver dans ces régions où Dieu « essuiera toutes les larmes des saints, où il n'y aura plus ni mort, ni deuil, ni cris, ni douleur, parce que le premier état sera passé » !

CHIEMSEE

Transporter Versailles, un Versailles plus somptueux que le nôtre, dans une île, au milieu d'un lac bleu, avec la perspective des Alpes comme fond de décor, ce n'était pas une idée banale ; extravagante un peu, cette idée devait séduire ce pauvre fou de Louis II, roi de Bavière ; poétique aussi, elle convenait au caractère artistique de sa folie.

Cette tête détraquée, mais pourtant profondément éprise de l'art, avait deux grandes admirations, Wagner et Louis XIV : l'un pour la richesse étrange de sa musique, l'autre pour la somptuosité de sa cour et de ses palais.

Wagner obtint de lui ce qu'il voulut, et en profita largement. Grâce à ce concours royal, il put réaliser son rêve de bâtir un théâtre spécial, dans les conditions indiquées par lui pour faire ressortir l'éclat de sa musique ; et l'on dit que le pauvre Louis II s'y fit représenter, pour lui tout seul, une des grandes œuvres du maître, avec les figurants, les décors et l'orchestre au complet.

Quant à Louis XIV, le roi se flattait de le surpasser par la magnificence de ses édifices. Il épuisa la Bavière pour y construire des châteaux. Mais celui qui devait être son triomphe, qu'il comptait faire d'une splendeur inouïe, c'est celui de Chiemsee.

Assurément, le site est autrement pittoresque que celui de Versailles, où la nature n'avait rien fait, où il fallut tout créer, même le paysage.

Situé sur la limite de la plaine et de la montagne, borné d'une part par une rive plate, et dominé de l'autre par de hauts sommets, le lac s'étend large et tranquille, et entoure de son azur trois îles : l'île aux Hommes, avec un ancien couvent de bénédictins ; l'île aux Femmes, où subsiste encore un monastère de religieuses, et l'île aux Herbes, qui servait autrefois de jardin pour les deux.

C'est sur l'île aux Hommes que le roi décida de poser son Versailles. Il copia le dessin général, et la grande façade devait reproduire la longue file de constructions plates que Mansard aligna sur le parc dessiné par Le Nôtre.

J'avoue que l'architecture de Versailles ne m'a jamais fait battre le cœur d'un mouvement très rapide. Sur la ville, cela me paraît un fouillis ; sur le jardin, un formidable abus de la ligne droite. C'est grand, mais c'est bien monotone.

Je ne sais si le nouveau Versailles aurait surpassé l'ancien. Il est impossible d'en juger par l'état où il est resté. Privé de tout ornement, inachevé, laissant voir encore les différents degrés de la construction, à l'extérieur, ce palais n'est qu'une grande bâtisse sans caractère.

Mais à l'intérieur, on avait déjà meublé un certain nombre de salles, quand mourut le roi; et cet ameublement est d'un luxe éblouissant, dont on aurait peine à se faire une idée; ornementation éclose d'une cervelle exubérante et maladive, qui prodiguait toutes les splendeurs et s'y jouait comme dans une féerie.

Les salles, dans l'intention du roi, devaient rappeler celles de Versailles; il y a la salle des Gardes, la première antichambre, le salon de l'Œil de Bœuf, la chambre de parade, copiée sur la chambre à coucher de Louis XIV, la galerie des Glaces.

Mais, alors que Versailles est fané par le temps, tout cela étincelle de dorures, de porcelaines, de cristaux; les yeux éblouis ne savent où se reposer. La statue de Louis XIV, élevée dans le salon de l'Œil de Bœuf, semble s'étonner d'un tel déploiement de richesses, inconnu même du grand roi.

Il y a des millions dans ces fauteuils, dans ces lits de parade, dans ces plafonds peints ou sculptés, dans ces lustres étincelants, dans ces glaces entourées d'encadrements admirables. Si j'en crois mon Bœdeker, la chambre à coucher du roi a coûté à elle seule trois millions de marks. On peut dormir très bien à meilleur marché.

Mais Versailles est un palais achevé et qui a rempli son but, puisqu'il a logé la cour pendant plus d'un siècle. Chiemsee n'est qu'une luxueuse folie, puisqu'on n'y a pas habité, et que, sans doute, on n'y habitera jamais.

Pour parvenir à ces splendides appartements, il faut traverser des salles inachevées, dont les murs ne sont même pas enduits, et laissent voir la brique à nu. Et le contraste de cette misère et de cette splendeur dans le même palais vous étreint le cœur. On songe à tant d'argent prodigué pour rien ; on songe avec pitié à ce pauvre prince, dont le cerveau était traversé de si radieuses visions de gloire, dont l'ombre semble encore errer dans ces ruines toutes neuves, autour du flot des visiteurs qui contemplent cette curiosité unique au monde.

Devant le palais, on a construit un bassin avec des statues, toujours pour imiter Versailles. Mais, tandis qu'à Versailles les grandes eaux jouent encore parmi les Tritons et les Nymphes, le bassin de Chiemsee reste toujours à sec. Cette œuvre est morte avant d'être née. C'est un grand dessein splendidement avorté.

La Bavière ne semble pas avoir gardé mauvais souvenir de ce prince, qui la menait à la ruine : de fait, il fut plus malheureux que coupable. Ses traits rêveurs, mélancoliques, ornent beaucoup d'hôtels et d'auberges, à côté de la grande barbe du prince-régent actuel.

Et puis, sa fin tragique et mystérieuse a enveloppé sa mémoire de la sympathie de son peuple.

Quand je traversai le lac de Starnberg, en me dirigeant de la ville vers la rive opposée, entre le château royal et le village de Léoni, j'aperçus un piédestal entouré d'échafaudages. C'est un monument qu'on élève au défunt roi.

En cet endroit, on trouva, par une matinée de

juin, son corps et celui de son médecin. Le fou royal avait-il voulu se tuer? Etait-il tombé par accident? Le médecin avait-il péri en voulant le sauver? Avait-il, au contraire, voulu commettre le crime de le noyer? On n'a jamais percé ce mystère.

Ainsi finit, étrangement, cette existence étrange; les rêves glorieux du fou furent abandonnés, et voilà pourquoi le château de Chiemsee n'a pas été achevé.

DEUX TOMBEAUX

En quittant Mittenwald, le dernier village de la
Bavière, fameux pour ses violons, avant de franchir
la frontière de l'Autriche, il faut se retourner un instant afin de jouir encore de cette formidable poussée
de rocs qu'on appelle le Karwendel, et dont le mur
à pic fait un fond rose au grandiose paysage de ces
monts.

La douane est franchie ; nous voici dans le Tyrol !
Salut, terre de glace, amante des nuages !

Le Tyrol, dont le nom magique évoque les plus
poétiques souvenirs ! Le Tyrol, qui conserve encore
le prestige dont les touristes ont dépouillé la Suisse !
Hélas ! ce prestige s'en va par lambeaux aussi. Mais
le nom vibre encore comme un son de clochette de
montagne, comme un appel de chamois, comme un
roulement de tonnerre dans les gorges sauvages.

Le Tyrol ! terre de l'indépendance et de la fidélité ! A peine y sommes-nous entrés que se pré-
-ente un témoignage des luttes d'autrefois, les débris
d'un vieux fort bâti par une Claudia de Médicis, mais

qui ne put arrêter l'envahisseur, une ruine faite par
les soldats de Napoléon ; vraiment, on ne peut poser
le pied nulle part en Europe sans faire lever un souvenir de cet homme.

Les gigantesques escarpements de Karwendel
nous poursuivent comme une obsession. La diligence
a beau courir, il semble qu'on ne s'en éloigne pas.
Nous longeons de petits lacs verts, marécageux, en-
combrés de roseaux. Puis la route dépasse l'arête
qui sépare les eaux du Nord des eaux du Sud, celles
de la mer Noire et celles de la mer du Nord. Et voilà
qu'au lieu des remparts énormes dont nous étions
bloqués s'ouvre un vaste horizon lumineux, un large
sillon creusé dans les montagnes, avec, dans le fond,
des forêts, des prairies et des villages. C'est la vallée
de l'Inn.

Oh ! la glorieuse descente, où l'on voit monter
vers soi le fond de la vallée et grandir les sommets,
avec, vers l'ouest, l'éclat aveuglant du soleil, qui
met de l'or dans les brumes lointaines et fait resplen-
dir les monts d'un royal manteau de pourpre !

Encore une ruine, un donjon inaccessible, perché comme un oiseau de proie sur le haut d'un roc
aigu, fière forteresse autrefois, fière encore dans sa
misère ruineuse et dans les loques de lierre qui s'atta-
chent à ses flancs. Et nous sommes en bas de la vallée.

La voiture s'engage au bruit de ses grelots dans
l'étroite rue de Zirl, aux vieilles maisons pittoresques.

Puisqu'il me reste du temps, et qu'il fait très beau,
pourquoi n'achèverais-je pas la route à pied, au lieu de
prendre le chemin de fer qui, en vingt minutes, brû-
lera cette magnifique contrée dont je n'aurai rien vu ?

A ma droite, s'étend l'immense vallée, fertile, riante et peuplée. A ma gauche, voici que montent des rochers à pic, dénudés, sauvages et majestueux. Dans un creux, à une grande hauteur, on aperçoit une croix ; pourquoi ce calvaire en un tel lieu ?

C'est que là faillit périr, en 1493, l'empereur Maximilien Ier, le vainqueur de Guinegate, l'adversaire de François Ier, le précurseur de Charles-Quint, grand protecteur des lettres et grand chasseur de chamois.

Cette dernière passion faillit lui être funeste : un jour qu'il chassait sur le Martinswand, cette muraille escarpée au pied de laquelle je passe en ce moment, il s'égara ; le pied lui manquant, il roula jusqu'au bord même de l'abîme, et se trouva ainsi suspendu, avec le rocher à pic au-dessus de sa tête et le rocher à pic au-dessous de ses pieds.

Les sujets aperçurent d'en bas leur empereur en cette situation désespérée, car il semblait que nul ne pourrait lui porter secours. Et comme sa mort paraissait certaine, le curé de Zirl accourut avec le saint Sacrement ; du pied de la montagne, le prêtre donna l'absolution à son souverain ; il lui montra l'Eucharistie, ne pouvant la lui donner, et fit sur lui un signe de croix avec l'hostie.

Pendant que cette scène solennelle s'accomplissait en bas du rocher, quelques hommes déterminés tentaient l'escalade. Un hardi chasseur de chamois, risquant sa vie pour son maître, parvint enfin auprès de lui et le sauva.

La légende, qui a tant travaillé sur la vie de ce prince, s'empara de ce dramatique épisode ; le chas-

seur devint un ange qui était descendu, disait-on,
du ciel, ailes déployées, pour arracher l'empereur de
ce mauvais pas.

Les Tyroliens ne sauvèrent pas seulement la vie
de Maximilien, ils restèrent inébranlablement fidèles
à sa postérité. Le Tyrol est devenu aussi célèbre pour
son loyalisme envers les princes d'Autriche que la
Suisse pour avoir secoué le joug des mêmes princes.
Le Tyrol, c'est la Vendée de ce pays.

Maintenant que j'ai quitté le Martinswand, j'aperçois Inspruck dans le lointain. Sur la gauche, de
hautes montagnes posent leur barrière jusqu'aux
portes de la ville. Mais, à droite, des collines riantes
précèdent les grands sommets ; ce sont l'Iselberg,
les Lanserkopfe, le théâtre des luttes héroïques de
Hofer et de ses soldats improvisés.

Quand Napoléon, qui taillait des royaumes comme
on taille des habits, voulut enlever les montagnards
du Tyrol à ces Hapsbourg qui jadis chassaient avec
eux, et en faire un cadeau à ses amis les Bavarois,
il y eut un sourd froissement chez ces âmes fidèles,
qui voulurent défendre en même temps leur patrie
et leur souverain.

Un paysan se leva. Cathelineau des montagnes,
il réunit ses compatriotes autour de lui et là-haut, à
mi-côte, entre la vallée et les sommets, sur les plateaux de l'Isel, avec son armée tumultuaire, il battit
l'envahisseur et le fit reculer.

L'issue de la lutte lui fut cependant funeste. Son
existence se termina dans les plaines de Mantoue,
devant un peloton d'exécution.

Mais il n'en avait pas moins lutté lui, l'obscur

paysan, pour la cause qui lui était sacrée ; il avait, pour un moment, délivré sa patrie de l'étranger et l'avait conservée au seul souverain dont voulait le pays.

On aimerait à le croire descendant de ce chasseur de chamois qui, de rocher en rocher, parvint jusqu'à l'empereur en détresse.

Tous deux furent anoblis, mais Hofer seulement après sa mort. Aujourd'hui, un monument s'élève en son honneur sur ces hauteurs de l'Isel, où il conduisit sa vaillante troupe à l'assaut des positions ennemies.

Mais à force de marcher et de songer à ces choses du passé, j'arrive enfin dans la ville d'Inspruck, au moment où les rayons obliques du soleil couchant allongent les ombres des montagnes. Une vaste lumière rouge emplit l'occident ; puis un léger voile de mélancolie descend sur la nature ; les ténèbres, transparentes d'abord comme une gaze, s'épaississent, et la nuit s'étend bienfaisante sur les montagnes qu'elle va rafraîchir.

Etrange ville qu'Inspruck ! Avec ses fenêtres en saillie, garnies de volets verts, ses arcades sombres où les marchands étalent un vrai bazar de marchandises, ses rues, qu'on dirait fermées par les montagnes, tant les pentes en paraissent rapprochées, la foule bigarrée des visiteurs, la ville offre un curieux mélange de paysage alpestre, de vieille cité et de monde moderne.

J'entre dans l'église des franciscains. C'est là que se trouve le mausolée de l'impérial chasseur de chamois. Encore que son corps n'y repose pas, cette

THÉODORIC

tombe monumentale, conçue par lui, exécutée par ses successeurs, est bien le souvenir qu'il a voulu laisser de lui-même à la postérité.

Ce qui frappe, je dirais presque ce qui effraye en entrant dans cette église, c'est d'apercevoir une double rangée de sombres personnages qui mènent le deuil de l'empereur défunt.

Vingt-huit statues de bronze sont placées dans la nef, de chaque côté du sarcophage ; compagnons et ancêtres de Maximilien, raides et figés dans les broderies rigides de leurs vêtements, tous tendent en avant la main droite, comme s'ils portaient encore le flambeau des funérailles. Et ce geste uniforme, et la rigidité de leurs traits, et la sombre couleur de ces statues vous enfoncent dans l'âme un effroi pénétrant ; ne sont-ce pas les siècles passés qui se sont levés de leur tombe pour escorter l'empereur jusqu'à la sienne ?

Deux pourtant font exception ; ces statues sont l'œuvre du grand artiste de Nuremberg, Pierre Vischer, dont j'ai vu, dans la cathédrale de Posen, de superbes pierres tombales. Du moins, on les lui attribue ; d'ailleurs, elles sont si différentes des autres, qu'elles ne peuvent être l'œuvre que d'un artiste fort original.

Les autres sont couvertes d'arabesques, de broderies, où le sculpteur s'est joué de la difficulté. Mais l'ensemble est lourd ; ce ne sont pas des hommes, ce sont des morts fixés dans l'éternelle immobilité.

Au contraire, les statues de Théodoric et d'Arthur sont très simples, mais elles vivent. C'est que le grand art n'est pas dans l'exécution difficile des détails, pas plus qu'en musique il n'est dans la virtuosité. Le sculpteur qui a une conception et le musicien qui exprime un sentiment, montent d'un coup d'aile au-dessus de la foule des habiles et parlent une langue que tout le monde entendra.

Vischer, d'abord, se dispensa du geste gauche qu'on avait imposé aux autres. Seules, ses deux statues n'avancent point la main pour tenir un flambeau qui n'existe pas.

Puis il donna aux membres la flexibilité de la vie. Bien que ces antiques personnages soient enfermés dans l'armure complète d'un chevalier du xvie siècle, on sent pourtant, à la pose, au contour du corps, la souplesse des jointures, la liberté des mouvements qui distinguent un homme d'un mannequin.

Et puis, la tête dit quelque chose. Ce n'est plus l'expression solennellement froide et inintelligente que la mort semble avoir glacée sur le visage de leurs voisins. Ils pensent, ils sentent, ils vont parler.

Alors que les autres sculpteurs ont fait des œuvres qui se ressemblent entre elles et sont égales dans l'absence du souffle divin, Vischer a su, dans ses deux statues, varier l'expression et trouver deux attitudes, deux sentiments : l'une menace et l'autre rêve.

Fièrement campé sur son piédestal, Arthur de Bretagne regarde bien en face ; on sent qu'en ce corps si bien fait les nerfs sont tendus et les forces toutes prêtes. Les traits mâles parlent de bravoure

TOMBEAU DE MAXIMILIEN A INSPRUCK.

et de loyauté. Le grand redresseur de torts est prêt
à frapper quiconque opprimera la veuve ou l'or-
phelin.

Mais le roi des Ostrogoths laisse son corps fléchir
quelque peu dans le repos d'une douce méditation.
Sa tête s'incline ; à quoi rêve-t-il ? Au néant du
pouvoir ? Aux nouvelles conquêtes à faire ? On ne
sait ; mais il rêve profondément ; et ces deux aspects
de la chevalerie, car ce sont des chevaliers que
l'artiste a voulu représenter, se complètent l'un par
l'autre.

Entre ces deux rangs de statues s'élève, immense,
le tombeau de l'empereur. Par ses dimensions, on
dirait plutôt une maison qu'une tombe. Au sommet,
Maximilien est à genoux, dans la pompe de son
manteau de couronnement. Car tout, dans ce mausolée, est pompeux et solennel. C'est bien un de ces
monuments dont Bossuet dit qu'ils portent jusqu'au
ciel le magnifique témoignage de notre néant.

Sur les côtés du cénotaphe, vingt-quatre bas-
reliefs de marbre blanc évoquent les principales
scènes de la vie de l'empereur. Et ces bas-reliefs sont
tout simplement une merveille de finesse, d'expression et de vie.

C'est tout un monde qui ressuscite ; voici les
arquebusiers, les piquiers, la salade en tête ; les
canons qu'on roule vers les remparts, les brèches
qu'on escalade ; les graves bourgeois et les grands
seigneurs de la cour ; voici le Pape et le roi de
France, et, toujours reconnaissable, au centre de
chaque tableau, la figure de l'Empereur. C'est l'histoire d'un règne, la rivalité commencée de la France

et de l'Autriche et toute la vie des grands de ce temps-là que les sculpteurs ont fait sortir du marbre.

Maximilien s'est donc souvenu de ses promenades dans le Tyrol, et il a voulu laisser à ses fidèles sujets un magnifique souvenir de lui.

Et le héros obscur qui, trois cents ans plus tard, se faisait tuer pour les descendants de cet empereur, qu'est-il devenu ?

Il est enterré dans la même église. Alors que le tombeau de son souverain est orgueilleusement placé au milieu de la nef, qu'il remplit presque entière, lui, comme un sujet soumis, s'efface le long d'une muraille. Mais la présence de son plus modeste monument auprès de ce mausolée n'en a pas moins son éloquence.

Si jamais le paysan Hofer, avant l'invasion de son pays, est venu dans l'église des franciscains visiter la merveille d'Inspruck, sans doute il ne se doutait guère qu'un jour on lui élèverait une tombe auprès de celle-là, et que cette tombe serait aussi décorée de statues. Mais les malheurs de la patrie vinrent éveiller l'âme héroïque qui sommeillait en lui, et la gloire mit un de ses rayons les plus purs sur le front du pauvre montagnard.

Mort sur une terre étrangère, il dort maintenant dans le sol de son pays, à l'ombre du monument de ses maîtres, qu'il voulut servir jusqu'à son dernier souffle, et le drapeau de l'Autriche flotte encore au-dessus de lui sur la ville qu'il a délivrée.

Je songeais, en sortant, comme tout passe, même la puissance et l'héroïsme. Que valent-ils mainte-

nant sur la terre, l'Empereur et le paysan? Est-ce
qu'un Empereur ne meurt pas? Est-ce qu'un héros
ne meurt pas? Que reste-t-il d'eux ici-bas? Un nom,
un exemple, un tombeau.

Mais les montagnes ne passent pas; telles je
les vois maintenant, telles Hofer les a cultivées, telles
Maximilien les a parcourues. Comme nous sommes
courts, nous autres hommes, au prix de ces grandes
œuvres de Dieu! Nous entrons sur la scène, et
puis nous disparaissons. Mais la scène et le décor
sont immuables : *Fundasti terram et permanet*.

AUBERGES ET ROUTES DANS LE TYROL

Nous voyageons vite, mais nous ne voyageons plus bien; à lire les anciens récits de voyages, il nous vient un regret de n'avoir pas vécu dans ces temps, où la diligence nous cahotait sur les routes mal entretenues, ces temps des relais de poste et des vastes auberges, où l'hôte riait en vous accueillant, et vous saluait profondément au départ; le voyage était animé de mille incidents; mais le chemin de fer et l'hôtel en ont tué le pittoresque.

Quand on monte à sa chambre par un ascenseur, qu'on est accueilli par des garçons empressés, mais figés dans une indifférence de marbre; quand on voit le paysage par une portière, et que les voyageurs, muets et défiants, se tiennent immobiles dans la glace de leur silence, comme ces animaux qu'on entasse dans les navires frigorifiques, on a bien le droit de regretter les incommodités de jadis, qui faisaient d'un voyage une aventure où l'on parsemait sa route d'observations ou d'émotions, où l'on vivait enfin d'une vie plus animée et plus intéressante.

Aussi, là où il reste un peu de ce régal des anciens

temps, c'est avec volupté qu'on se le met sous la dent. Un peu de simplicité, c'est si bon, si rafraîchissant dans notre vie savante et compliquée!

Ce n'est pas en Suisse qu'on en trouvera maintenant. Les diligences roulent encore, mais sur des routes qui sont des merveilles d'art.

Disparues les auberges, ou il en reste si peu! Chaque village a ses hôtels; et les cabarets qu'on trouve le long du chemin sont des constructions neuves, faites pour l'exploitation des touristes, et non point de ces antiques bâtiments où des générations de rouliers ont passé, où l'on respire le parfum des anciens voyages.

Dans le Tyrol, on en trouve encore. Mais il faut se hâter. L'invasion s'avance à grands pas; les touristes affluent; les hôtels se construisent; les chemins de fer lèchent de leur fumée le flanc des montagnes; nos arrière-neveux ne verront plus de différence entre le Tyrol et la Suisse.

Il y en a encore aujourd'hui; car l'armée envahissante, qui a déjà occupé les principales positions stratégiques, n'a point lancé jusqu'ici ses avant-postes dans tous les villages, et il reste en beaucoup d'endroits des vestiges de la vie d'autrefois.

Ces vestiges disparaîtront. A Toblach, une paroisse située par 1,200 mètres d'altitude, grand centre d'excursions, se dresse un immense caravansérail tout neuf, qui contient de quatre à cinq cents hôtes. Vastes salles à manger, salons, musique, électricité, rien n'y manque, sinon le charme d'une vie simple; voilà ce qui tue les vieilles auberges. Quand cette ruche aura essaimé sur tout le pays, le Tyrol sera une Suisse ; tout pharmacien y viendra faire son tour classique des vacances, et tout jeune couple y couler les jours heureux de la lune de miel.

Dieu merci, la transformation n'est pas faite complètement ; sitôt qu'on s'éloigne des centres, le voyage est assez incommode pour être intéressant.

On y trouve encore de ces routes affreuses et charmantes dont parle Louis Veuillot. Il n'y a guère que la ligne verticale que les constructeurs aient pris la peine d'éviter. On grimpe ou l'on descend par toutes les inclinaisons possibles. Les chevaux donnent des coups de collier héroïques, et hissent la voiture en zigzag, si la route est assez large pour le permettre. On se reporte au temps du bon La Fontaine :

L'attelage suait, soufflait, était rendu.

Ou bien, si c'est à la descente, on serre les freins, on met des patins sous les roues, et les vaillantes bêtes s'arc-boutent de toutes leurs forces pour arrêter l'élan de la voiture qui dévale vers les profondeurs.

En un certain endroit des Dolomites, que je parcourais à pied, je vis des cochers faire descendre leurs voyageurs et continuer seuls, avec mille précautions d'ailleurs. J'en demandai la raison à l'un d'eux :

« Avez-vous remarqué, me dit-il, sur le bord du chemin, une croix de bois, avec la photographie d'un homme encadrée dans le tronc ?

— Oui.

— Eh bien ! c'est le portrait d'un Anglais qui fut tué l'année dernière en cet endroit, d'un accident de voiture. Depuis ce temps-là, nous prions les touristes de faire à pied le passage dangereux. »

A voir la route, la précaution n'était pas inutile. La pente était vertigineuse, et le chemin raboteux à faire casser les ressorts des voitures. Je sais, pour avoir passé en de semblables endroits, les secousses qu'il faut subir, et que les voitures de montagne deviennent en ce cas de véritables vaisseaux avec le roulis et le tangage, capables de vous faire appréhender le mal de mer.

A pied, ces routes sont charmantes. On y rencontre à chaque instant le paysan tyrolien qui vous tire son chapeau vert, orné de plumes, en disant : Dieu vous salue! Des femmes roulent elles-mêmes des charrettes de foin, qu'elles n'ont d'ailleurs qu'à guider sur les pentes. Des touristes allemands marchent en chantant, le dos chargé du bissac vert que tout le monde porte en ce pays.

Tout le long du chemin se déroule un chapelet de croix et de petites chapelles. Car nous sommes en pays catholique, et très catholique ; les Tyroliens ont semé les signes de leur foi et de leur dévotion sur toutes les pentes des montagnes. Partout où ils passent pour aller au travail ou revenir à la maison, ils ont mis un Christ qui les bénit, une Vierge qui leur sourit, un saint Jean Népomucène qui s'absorbe dans la contemplation de son crucifix.

Les croix sont couvertes d'un auvent qui les protège de la neige et de la pluie.

Là-dessous, un Christ est abrité d'une sculpture grossière souvent, mais toujours émouvante par l'expression triste de ses traits et les longs sillons de sang dont son corps est rayé.

Parfois, ces croix sont des monuments funèbres.

Sur un tableau qui y est attaché, on voit, œuvre d'un pinceau malhabile, la représentation d'un désastre : un corps qui flotte à la dérive dans un torrent, ou un homme qui tombe dans un précipice. Au-dessous, l'inscription qui signale la date et le genre de l'accident.

La vue de ces croix et de ces tableaux rappelle en même temps la simple dévotion et la rude vie de ces montagnards. Habitants d'un pays qui tous les ans réclame des victimes, ils se sentent dans la main de Dieu ; la montagne qui les fait vivre et qui parfois les tue, ils la lui ont consacrée ; et ils se risquent plus volontiers aux aventures de leur existence, quand ils voient la croix et la Vierge auprès d'eux.

Un jour, dans un torrent fougueux que longeait une route, je vis un grand arbre déraciné par une crue de la veille, que les eaux avaient entraîné jusque sous un pont. Sur ce pont, trois hommes tenaient une corde ; au bout de cette corde en pendait un autre, qui, la hache à la main, dépeçait, au milieu des tourbillons, la gigantesque carcasse. Si la corde avait cassé, ou les forces fléchi, il aurait fallu ajouter une croix sur ces bords, qui en comptent déjà plusieurs.

Voilà les hasards qu'ils courent en ces pays. Et il n'est pas étonnant qu'ils sentent le besoin d'un plus fort qu'eux, qui les préserve et les aide.

Parfois, c'est une troupe de paysans qu'on rencontre sur sa route. A leur tête nue, à leur maintien grave, à leur air sérieux, on reconnaît des pèlerins. Le patriarche de la bande récite le chapelet, et tous répondent de leurs voix où dominent de riches tons de basse. Ils se rendent à quelque sanctuaire célèbre des environs, sans doute pour y communier, et revenir à pied, toujours priant, vers leur demeure.

Les routes du Tyrol n'intéressent donc pas seulement parce qu'elles sont mauvaises, mais aussi parce qu'elles donnent un aperçu de la vie simple et religieuse du peuple.

Et les auberges! on en trouve encore sur les routes à diligence, de ces bons gîtes d'autrefois, et l'on y est généralement bien.

Pourtant, un jour que mon train s'était arrêté dans un village à cause d'une inondation, je dus courir à l'auberge la plus proche pour retenir vite une chambre avant que le flot des voyageurs eût tout envahi. J'y fus un des premiers; on me servit un dîner à la bonne franquette; mais quand je montai me coucher, je m'aperçus qu'il n'y avait qu'un drap dans le lit : une coutume locale sans doute. Était-ce le drap du dessus ou le drap du dessous? Fallait-il se mettre sur ce qui servait de matelas, ou sous ce qui servait de couverture? Après avoir mûrement réfléchi, je m'enroulai de mon mieux dans le tout, et je m'apprêtai à dormir profondément, au bruit de la pluie qui fouettait mes vitres.

Mais j'avais compté sans les gens du lieu. Mon premier sommeil fut bientôt troublé par les sons d'un accordéon. Un rythme vif éclata sous les doigts de l'artiste campagnard, et j'entendis des pieds lourds qui marquaient la mesure sur le sol. On dansait. On riait. On chantait. La pluie fouettait toujours les vitres; mais les montagnards la défiaient d'éteindre leur belle humeur. On dansa jusqu'à minuit, et je pus enfin, dans mon drap, me livrer aux douceurs d'un repos bien mérité.

Il y a des danses particulières à ce pays. Un soir, dans un hôtel, on nous en donna un spécimen pendant le souper. C'était en Bavière, mais sur les frontières du Tyrol. Les danseurs étaient en costume national : gilet à larges boutons argentés, culotte courte laissant voir les genoux, guêtres ornées de broderies vertes. Deux joueurs de cithare et un violon formaient l'orchestre. Après qu'on eut entendu divers chants montagnards, la danse commença.

Le danseur prit d'abord sa danseuse par la ceinture, et d'une main l'éleva à bout de bras au-dessus de sa tête. Puis il la déposa et se mit à gambader autour d'elle, se frappant en cadence les cuisses et les mollets, comme on fait dans les danses irlandaises. Pendant ce temps, la danseuse, toute droite, tournait sur elle-même, comme une toupie, d'un mouvement rapide et régulier ; il semble qu'elle eût dû tomber étourdie ; mais elle tourna jusqu'à ce que les citharistes eussent fait sonner la dernière note de leur morceau.

Je reviens à mes auberges. Beaucoup sont vieilles ; mais rafraîchies en ces derniers temps pour faire honneur aux touristes, elles semblent vous faire fête. Rousseau, qui aimait les volets verts sur des murs blancs, eût été charmé de ce pays. Larges sont les pignons, petites et nombreuses les fenêtres ; sur la vaste façade blanche, la verdure des persiennes met de joyeuses taches, et au-dessus de la porte se balance parfois une vieille enseigne : *Au Soleil*, *Au Corbeau*, *Au Lion*, etc., etc.

Tout est vaste dans ces vieilles hôtelleries. Les corridors voûtés sont larges comme ceux d'un couvent. Ce n'est pas dans un hôtel moderne qu'on leur sacrifierait tant d'espace. Mais nos ancêtres, moins âpres au gain que nous, sans doute, n'y ont pas regardé de si près. Comme tout était servi abondamment dans les vieilles auberges, on n'a pas ménagé l'espace non plus.

La grande salle à manger sert souvent aussi de cabaret aux gens du pays. Vers le soir, on en peut voir quelques groupes qui devisent autour de leur pot de bière, en fumant la grosse pipe de faïence, ou plus ordinairement jouent aux cartes, qu'ils abattent avec des coups de poing vigoureux sur la table.

Et l'on s'intéresse à vous, en ces petites auberges, bien plus que dans les grands hôtels. J'ai passé en de petits villages où l'on ne se rappelait pas avoir vu de Français. Je demandai une fois à mon hôtelier s'il en avait déjà vu. « Oui, me répondit-il en se redressant, mais sur les champs de bataille d'Italie. » Quand je quittai, le lendemain, tout le personnel et une partie du village se réunirent pour me voir partir. Au milieu des « Gluckliche Reise », qui résonnaient de toutes parts, j'entendis même une voix qui me cria en français : Bon voyage! De qui? Je l'ignore, car la diligence s'ébranlait au moment.

Il y a partout des salles de cabaret, en France comme dans le Tyrol ; mais ce qu'on ne trouve pas chez nous en de tels endroits, c'est un crucifix et des images de piété. Avec des oiseaux de proie empaillés, des cornes de chamois ou de chevreuil, c'est l'ornementation obligée de là-bas.

J'ai vu se tenir, dans l'auberge où j'étais descendu, en une petite ville du Salsbourg, le banquet municipal pour la fête de l'Empereur. Dès le matin, vers trois ou quatre heures, des sonneries de cloches et des salves d'artillerie m'avaient réveillé. Puis la musique des pompiers s'était mise de la partie, et après le défilé devant les autorités du lieu, après la cérémonie religieuse, on vint banqueter, selon l'universelle coutume des gens civilisés. La musique se plaça à l'entrée, sous la voûte où se remisaient les diligences, et alternativement s'ingurgita des flots de bière, et déversa des flots d'harmonie.

A côté, les gros bonnets du lieu prenaient leur part des agapes municipales. Je recherche ordinairement les salles communes, parce qu'on peut y faire beaucoup d'observations. Mais, ce jour-là, quand j'ouvris la porte, un tel voile de fumée me cacha la table et les convives, que, je l'avoue, je reculai, et, désespérant de pouvoir respirer dans une telle atmosphère, je me fis servir dans ma chambre.

Voilà comment on peut encore trouver à s'intéresser dans ce pays, avant que l'invasion cosmopolite l'ait rendu semblable aux autres. Mais il faut s'éloigner un peu des centres qu'affectionnent les touristes. On peut alors voyager à l'ancienne manière, et revivre un peu tant de pages pittoresques écrites là-dessus par nos devanciers.

EN FORÊT

Je montais avec mon guide vers une *alp*, petite
ferme d'été, autour de laquelle broutent les troupeaux. Nous y trouvâmes les bergers en train de
cuisiner au-dessus d'un grand feu, qui occupait le
milieu de la chambre, si toutefois on peut appeler
chambre cet enclos de planches grossières, recouvert d'un toit en blocs d'ardoise.

La ferme était au centre d'un fer à cheval de
rochers pâles, qui montaient à pic et découpaient
sur un ciel gris les zigzags de leurs arêtes. Devant
ce rideau puissant, qui fermait l'horizon et ne laissait voir que le ciel, devant ces anfractuosités, retraite
des chamois, je pris, sur un banc mal dégrossi, tout
ce qu'on put m'offrir dans la cabane : du lait, du
beurre et du pain noir.

Nous étions au-dessus de la région des arbres,
dans un creux que tapissait le velours du gazon et
qu'égayaient les fleurs rouges de la rose des Alpes.
Des nuages s'accrochaient aux dentelures des sommets, et laissaient derrière eux des flocons de leur
toison déchirée. Un air pénétrant et frais m'apportait mille sons de clochettes, et je voyais les vaches

tondre l'herbe aux bords des ruisseaux coureurs, qui striaient la verdure de longs filets d'argent. Cadre austère et grandiose d'une scène riante et tranquille ; mon simple repas me parut délicieux dans cet environnement.

Et pourtant l'ascension même m'avait encore plus intéressé. C'est que, pour parvenir à cette misérable hutte, j'avais traversé la forêt, la forêt tyrolienne, avec ses grands arbres et l'essaim des bûcherons qui la massacrent pour en vivre.

Si, dans la vallée, on trouve des cultivateurs, dans la montagne tout le monde est berger ou bûcheron. La vie des uns et des autres est dure, mais celle des bûcherons surtout.

Mon guide avait été du métier et, volontiers, il me donna des détails sur la vie dans les bois, une rude vie, dont il avait gardé de doux souvenirs.

D'abord, nous montâmes par un chemin large et commode, bien entretenu, sauf que les pluies des jours précédents l'avaient défoncé en plusieurs endroits.

« Vers l'automne, me dit-il, on réparera toutes les brèches que le mauvais temps a faites à ce chemin ; des troncs d'arbres consolideront les éboulements ; les ponts seront assujettis. Car il faut qu'il soit remis en état pour l'hiver.

— Mais l'hiver, ce chemin n'est-il pas couvert de neige ?

— Oui, d'un mètre ou deux, et c'est justement pour cela qu'on peut s'en servir. Cette neige foulée fait une excellente piste pour les traîneaux de bois qu'on fait descendre des hauteurs. On y attelle un cheval, qui a bien plus à retenir qu'à tirer, et c'est ainsi que tout le bois coupé pendant l'été descend, à l'hiver, vers les villes, pour être expédié de tous côtés.

— Mais n'arrive-t-il point qu'à un de ces détours si brusques et si fréquents que fait votre chemin, le cheval, entraîné, sorte de la piste et continue son voyage dans le précipice?

— Oui, cela arrive quelquefois; et il arrive aussi que les madriers, qui soutiennent le chemin en plusieurs endroits, cèdent et entraînent la bête et le véhicule, et quelquefois les hommes. »

Alors, le vieux montagnard se mit à me raconter quelques-uns des accidents qui étaient arrivés dans les environs. Là-bas, derrière ces grands arbres, deux hommes avaient été tués; sur la pente d'en face, un bûcheron avait eu la cuisse écrasée, etc.

Nous quittâmes le chemin pour prendre un sentier, un sentier à peine perceptible; en maint endroit même, il n'existait pas; mais des taches rouges sur des arbres indiquaient la direction qu'il fallait prendre.

Ce sentier nous mit en plein cœur de la forêt. On entendit retentir les coups de hache sourdement dans le lointain. Bientôt il fallut enjamber de gigantesques cadavres qui jonchaient le chemin. Les géants de la montagne étaient tombés sous les coups des pygmées de la vallée et couchés comme le chêne de Laprade.

Ils couvraient un arpent sur le sol paternel. Quelques-uns étaient dépecés déjà, en blocs de deux à trois mètres de long et dépouillés de leur écorce.

D'autres gardaient encore, après leur chute, l'orgueil de leur feuillage. Mais le même sort les attend. On les liera ensemble comme des esclaves, ces anciens rois de la montagne, et ils glisseront sur la neige vers les régions basses qu'ils dédaignaient de toute la hauteur de leur cime.

Il faut songer que cet abatage se fait sur des pentes extrêmement raides, et qu'il n'offre pas moins de dangers que le schlittage d'hiver. A ce sujet, mon guide continua la série de ses récits. La forêt gigantesque se laisse entamer par l'homme, mais c'est à condition qu'il lui paiera un tribut de victimes tous les ans.

Sur le bord du sentier, une troupe de bûcherons était assise et prenait son repas. Le feu achevait de s'éteindre, et les hommes mangeaient en silence.

Nous échangeâmes un bonjour ; quelques paroles, prononcées d'un ton rude, nous furent adressées sur notre voyage, et puis nous nous séparâmes.

« Ces hommes-là, me dit mon guide, sont trois mois dans la montagne ; la forêt les absorbe tout entiers ; voilà où ils dorment.

Il me montrait une hutte de branchages, couvertes d'écorces d'arbres ; fermée de trois côtés, cette hutte restait ouverte vers le chemin.

— Mais, dis-je, ils doivent grelotter de froid, la nuit ; n'en deviennent-ils jamais malades ?

— Au contraire ; rien n'est plus sain que de dormir en plein air dans la montagne. Pour ma part, j'y ai dormi des mois entiers, et j'y trouvais tant de plaisir, que c'était un supplice, à l'automne, de retrouver mon lit, où j'étais plusieurs nuits sans pouvoir dormir.

« — Mais qui les nourrit, ces hommes, puisqu'ils ne descendent pas de toute la saison ?

— Tous les jours, on leur monte leur repas, et c'est à peu près la seule communication qu'ils ont avec le reste du monde. »

Il y a vraiment de bien rudes existences sur la terre ! Choses curieuses ! mon guide regrettait cette vie, et n'en parlait qu'avec une sorte d'enthousiasme. Une vie rude n'est donc pas nécessairement une vie malheureuse, et il y a un attrait dans la fatigue et dans le danger lui-même.

Après tout, j'aimerais mieux être le bûcheron qui, en plein air, donne de grands coups de hache sur les arbres des montagnes que le mineur accroupi dans l'ombre qui détache à petits coups de noirs fragments de houille. J'aimerais mieux avoir le teint bruni par l'air des hauteurs que souillé par la poussière du charbon. Dans la forêt, du moins, on voit le soleil et l'on se sent vivre. Dans la mine, le soleil est une lampe, et la vie une prison.

Voilà que les arbres diminuent de taille et que les coups des bûcherons s'éloignent dans le lointain. La forêt va faire place aux pâturages.

Elle est bien belle, cette forêt que je viens de traverser, avec ses hautes futaies, ses pentes abruptes, son sol jonché de feuillage et le mystère de ses lointaines colonnades. Mais ce qui m'a plus frappé que la forêt, ce sont ses habitants, perdus comme des points sous ses larges voûtes, et qui pourtant en sont les maîtres, ces vaillants qui arrachent du flanc de ces montagnes le pain de leur famille et le leur.

Ainsi s'ouvrent, dans les voyages, des perspectives sur les existences variées des hommes; perspectives rapides et vite disparues, mais qui, pourtant, nous apprennent combien différents doivent être les goûts, les habitudes, les pensées et les sentiments de toutes les créatures humaines que Dieu sema sur la terre.

Comme l'histoire nous ouvre les âmes de jadis, ainsi le voyage nous fait pénétrer dans les âmes des pays lointains. Histoire et voyages nous étonnent par la surprenante variété de ce monde en raccourci, qui est l'homme.

LES DOLOMITES

Quand du bourg de Toblach vous regardez vers l'Italie, dans l'échancrure de la vallée de Hohlenstein, vous apparaissent des sommets hardis, déchiquetés, étranges. Ce sont les Dolomites.

Les Dolomites, la partie la plus pittoresque peut-être du Tyrol, sont un groupe de montagnes auxquelles on a donné le nom d'un géologue français, Dolomieu, qui les étudia le premier.

Les monts de granit ne se laissent que peu entamer par les agents de destruction ; aussi conservent-ils leurs formes solides et massives ; les monts calcaires, plus tendres, sont travaillés par des ouvriers patients, l'air, la pluie, la neige, qui les creusent, les évident, les sapent, et se plaisent à donner à leurs silhouettes des dessins fantastiques.

Les Dolomites sont des monts calcaires et se font remarquer entre tous pour l'étrangeté de leurs formations, la profondeur de leurs vallées, le coloris de leurs rochers.

Le corridor qui vous introduit en ce gigantesque labyrinthe, c'est la vallée de Hohlenstein, au

fond de laquelle on a construit la route d'Ampezzo,
une des grandes artères qui font communiquer
l'Italie et l'Autriche, le Nord avec le Sud.

Digne préambule du chapitre que je vais ouvrir
au livre de la nature, ce val est encaissé entre des
escarpements sombres égayés de verdure. A l'entrée dort un petit lac d'un vert transparent, uni
comme un miroir. Puis les masses se rapprochent,
se suspendent au-dessus de la route. La *Muraille
humide* (die nasse wand), lance vers le chemin un
formidable éperon tout ruisselant des gouttelettes
qu'y éparpillent les sources. En face de cette menace, le Dürrenstein montre fièrement les dents
aiguës de ses rocs. Et l'on passe entre cette masse
et ces escarpements ébréchés, et l'on se sent tout
petit dans le fond de cette vallée où les arbres
mêmes sont écrasés par la majesté des rochers.

Un petit fort abrité sous un coin de la montagne et prêt à balayer la route de ses feux vous
avertit que la frontière n'est pas loin. Jadis les
forces de la nature se sont livrées ici de furieux
combats, quand les crêtes se soulevaient à travers
l'écorce du globe, et que les rochers en fusion se
heurtaient sur les cimes. Maintenant, la nature est
rentrée dans le calme; c'est l'homme qui fait la
guerre et jalonne les montagnes des monuments
de ses discordes. Peut-être qu'à l'ombre de ces
monts immobiles désormais un jour deux peuples
s'entrechoqueront, et rempliront de leurs tonnerres
ce silence où les éléments se recueillent depuis
tant de siècles.

Je suis à Landro. Une façade de vieille auberge,

mais qui se continue par une vaste salle à manger moderne ; en face, un nouvel hôtel en construction ; le Tyrol s'en va.

Enfonçons plus avant. Voici Schluderbach, un village qui se compose surtout d'un hôtel, moderne aussi, mais construit dans un des plus beaux sites que l'on puisse rêver.

Pourtant la vue est plus étonnante encore à quelque distance de l'hôtel, sur les bords du lac Dürren. On voit alors se refermer derrière soi le sombre corridor du Hohlenstein. Dans les eaux vertes du petit lac se mire une masse élargie et vaste : c'est le Monte Pian, dont le sommet est un large plateau dentelé de rochers. Puis, splendide comme fond de tableau, un massif neigeux sort de la verdure des prairies et de l'ombre des pins. C'est le Cristallin et le Cristallo : le Cristallin avec ses arêtes aiguës où la neige a peine à se tenir ; le Cristallo, avec son large dôme blanc, qui étincelle dans le soleil de midi.

Un peu plus loin, je découvre le *Mur rouge*, haute pyramide de calcaire, dont les teintes ardentes flamboient dans la grande lumière d'un beau jour. Et je retrouverai plus d'une fois cette couleur étrange dans les roches des Dolomites, qui, décidément, ne ressemblent pas à d'autres montagnes.

Vallons de Schluderbach, vallon solitaire et riant, mais d'un sourire qui s'éteint quand on lève les yeux vers les cimes ! Grandiose environnement de sommets sublimes et tourmentés ! Je vous revois encore quand je ferme les yeux, et que le souvenir illumine mon âme. Il y a de ces moments dans les voyages, qui revivront toute une vie ; des scènes qui ont imprimé dans la mémoire une indélébile empreinte. On les revoit plus enchanteresses encore qu'elles ne sont ; car le souvenir est un magicien qui jette un charme vague sur les choses, à mesure qu'elles s'éloignent à l'horizon du passé.

Je quitte à Schluderbach la grande et belle route d'Italie, pour en prendre une beaucoup plus accidentée. Je veux me rendre à Cortura d'Ampezzo par le lac de Misurina et les Trois-Croix.

Le lac de Misurina, situé par 1.755 mètres, étend, comme celui de Dürren, le miroir de ses eaux vertes et tranquilles dans un cadre de la plus haute magnificence. De tous côtés les murailles descendent à pic et se couronnent de neige au sommet, murailles blanchâtres, murailles roses, abîmes abruptes, tout est fort, tout est grand, tout est sauvage.

La Marmarole étend au sud sa vaste draperie, qu'on dirait flottante tant y sont creusés de plis et de replis. Mais la plus étrange montagne de cet étrange paysage c'est le mont des Trois-Créneaux.

Volontiers on y reconnaîtrait la main de l'homme ou plutôt des géants. Le mur perpendiculaire, qui s'élève à 3.000 mètres, est fait de couches régulières, égales entre elles, et qui vont d'un bout à l'autre de la montagne. On dirait qu'un architecte puissant a superposé ces blocs plus que pélasgiques, pour en menacer le ciel. La cime ébréchée, et qui pousse vers la voûte bleue ses trois tours éboulées, fait songer à une tour de Babel qu'une autre race d'hommes aurait construite, et dont la foudre de Dieu aurait dispersé les débris.

Lac Durren et Monte Cristallo.

Nous sommes ici en Italie. Le drapeau du roi Humbert a remplacé celui de l'Empereur sur les murs de l'auberge, je ne vois plus l'éternelle aigle à deux têtes qui poursuit partout le voyageur en Autriche.

Bientôt, traversant une forêt de sapins par une mauvaise route qui me conduit à l'auberge des Trois-Croix, je vais rentrer dans les domaines de François-Joseph, et ce soir, à l'hôtel, je retrouverai, dans la salle à manger, les portraits de l'Empereur et de l'Impératrice. Et pourtant je me croirai en pays italien ; je n'entendrai que la langue italienne, et ne verrai, à part les touristes, que des types italiens.

On passe véritablement dans un autre monde quand on quitte une vallée allemande pour une vallée italienne. La langue, le costume, les gestes, les figures, tout est changé. La chevelure noire, le teint mat, le visage ovale des femmes annoncent une autre race. Les physionomies sont plus ouvertes ; une flamme plus intelligente brille dans le regard ; les fichus aux couleurs voyantes, l'élégance native de ces paysannes indiquent un peuple gai et de goûts artistiques.

La frontière tracée par les hommes politiques les joint aux Tyroliens lourds et trapus du Nord ; mais ce sont bien les frères de ceux qui, là-bas, s'enivrent de soleil et de musique : ils ont, au fond de leurs yeux noirs, l'éclat du Midi ; et ces enfants de la race latine font un contraste singulier avec les Teutons qui peuplent les monts du voisinage.

C'est un fragment de ce manteau d'Arlequin

qui couvre les impériales épaules de François-Joseph. Etoffes cousues ensemble, mais non point tissées en même temps, que ces Tchèques, ces Polonais, ces Croates, ces Hongrois, ces Allemands, ces Italiens. Qui sait ce que dureront ces coutures ? Et si, quand disparaîtra le vieil Empereur aux favoris gris, quelque déchirure ne sera pas faite au manteau de l'empire ?

C'est vraiment dommage de songer à la politique en un si beau pays ; mais les troupes qui manœuvrent en ce moment sur les pentes boisées, et dont on entend pétiller la fusillade, ont entraîné mon esprit de ce côté.

Je reviens à Toblach par la grand'route très intéressante, mais moins que le chemin par lequel je suis venu.

Lecteurs, si vous allez un jour dans le Tyrol, poussez jusqu'aux Dolomites, et vous remercierez le géologue, notre compatriote, de les avoir découvertes. Je vous souhaite beau temps et un soleil riant, qui mette de la gaieté dans les abîmes, et fasse ressortir toutes les couleurs dont la nature a peint ce magnifique tableau.

POLOGNE

Pologne ! un nom qui faisait vibrer les cœurs
généreux du monde entier, et de la France surtout ! Il ne retentit plus guère à nos oreilles maintenant. Qui donc parle de la Pologne, si ce n'est en
passant ? Qui donc sait ce qui s'y passe ? Y
a-t-il encore une Pologne ?

Oui, certes, et bien vivante. Les trois tronçons
de peuple que la force a séparés, et qui s'agitent,
en vain jusqu'ici, pour se réunir, parviendront-ils à
reconstituer une nation homogène et indépendante ?
C'est le secret de Dieu ; peut-être, en dehors des
Polonais, en est-il bien peu qui le croient maintenant.

Mais, bien qu'on l'ait mis en lambeaux, ce peuple
ne se laisse pas entamer. Ni la persécution métho-
dique et savante de la Prusse, ni les rigueurs de
la Russie, ni le régime plus libéral de l'Autriche
n'ont pu faire, en cent ans, de ces hommes des
Prussiens, des Russes ou des Autrichiens. L'habitant de Posen ne se sent nullement le frère du bourgeois de Berlin ; mais, s'il vient à Cracovie, il se
croit encore dans sa patrie, car il y entend sa
langue, et les cœurs battent du même mouvement
que le sien.

Il y a des Polonais de toutes les trempes, depuis ceux qui se résignent en gémissant jusqu'aux patriotes purs qui se tiennent toujours prêts à une insurrection. Mais je n'en ai pas rencontré un qui ne fût vraiment Polonais de cœur, qui n'aimât sa patrie et ne souffrît de ses douleurs.

A vrai dire, on n'a pu partager la Pologne. Les puissances ont tracé des lignes sur ce bloc de granit, et se sont dit : Voici ma part ; mais la masse est restée une et solide, et les quelques pierres qui en sont tombées ne l'ont point affaiblie.

FEMME DE CRACOVIE.

C'est un spectacle intéressant et noble que celui de ce peuple, officiellement rayé de l'histoire, et qui s'obstine à ne pas périr. Soutenu par sa religion et son patriotisme, il a tout bravé, parce qu'il avait en lui la force de plusieurs siècles de foi et de glorieuse histoire.

Les malheureuses insurrections et leurs sanglantes répressions ont pu courber la tête de ce peuple ; mais quant à le fondre avec les autres nationalités, la persécution en est incapable. Au contraire, elle a comme amalgamé en un tout plus compact les divers éléments qui le composent ; c'est dans le pays où la répression a été la plus dure, en Russie,

que le Polonais se mêle le moins à la vie du conquérant.

On ne brave pas le vainqueur ; on passe par
beaucoup de ses volontés ; mais on se sent les
coudes, on s'aime entre compatriotes, on déteste
l'envahisseur, et les deux mondes vivent l'un à côté
de l'autre sans se mêler. Les mariages entre Russes
et Polonais sont regardés avec horreur, et les officiers, qui forment en grande partie la population
russe des villes, sont obligés de ne se voir qu'entre
eux, car, même s'ils font des avances, les portes de
la société polonaise se ferment devant eux.

Bien que la même animosité ne règne pas en
Autriche, le sentiment national y est encore très
puissant ; et à Posen, il s'est formé une ligue de
Polonais qui s'engagent à ne jamais acheter dans un
magasin allemand.

Ni Souwarow, ni Paskiewicz n'ont pu étouffer
dans le sang le patriotisme polonais ; Bismarck n'a
pu l'étrangler de ses mesures tyranniques. Un sentiment si fort et si unanime devrait permettre à une
race de se constituer en nation. Et cependant, un
sort fatal semble avoir fait avorter toutes les entreprises, depuis celle de Koszciusko jusqu'aux sou-
lèvements de 1863. Le malheur plane sur la Pologne.
Et maintenant ce peuple vit en silence de son passé,
nourrissant encore dans son cœur un espoir de
désespéré.

Tant de gloires et tant de malheurs ont consacré
cette terre, qu'on n'y saurait entrer comme dans un
pays quelconque. C'est la nation qui a sauvé l'Europe
par le bras de Sobieski, la nation que l'Europe a
dépecée pour son salaire.

A la gloire de ses anciens souvenirs s'est jointe
la consécration que seul le malheur peut donner.
Les plus belles histoires sont les plus douloureuses.
Car les nations ressemblent aux hommes : la pros-
périté les enivre et leur fait commettre des crimes ;
le malheur réveille en elles des sources inconnues
de dévouement et de sacrifice.

Aussi les deux noms de l'Irlande et de la Pologne
sont-ils les plus purs que l'histoire ait inscrits dans
les annales de l'Europe, parce que nul peuple n'a
souffert comme ces deux-là. Et peut-être que nulle
patrie n'a été aimée de ses enfants comme ces deux
patries. Il y a, dans la conversation des Irlandais et
des Polonais, quand on leur parle de leur pays, un
feu, une émotion qu'on ne sent pas autant chez les
citoyens des grandes puissances.

Je me souviendrai toujours d'un prêtre irlandais
qui me lisait l'histoire d'une insurrection, et, parvenu au récit de la défaite, suffoqué de larmes, la
voix étranglée, s'arrêta et me tendit le livre, incapable qu'il était de continuer. C'est de telle sorte
aussi que le Polonais aime la Pologne. Le malheur
remue aux profondeurs de l'âme des sentiments qui
s'endorment dans la bonne fortune, et ces sentiments
sont nobles, parce qu'ils poussent l'homme à se
défaire de son égoïsme et à se sacrifier à une cause.

Quelle histoire expose mieux que celle de Pologne, et les vilenies des intrigues politiques et la
beauté du dévouement à la patrie, j'ajouterai à la
religion ; car, pour le Polonais, ces deux choses n'en
font qu'une.

Et c'est tellement vrai que même les incroyants

seraient prêts à se faire tuer pour la religion catholique, parce que c'est la religion de leur pays.

Mais les incroyants sont le tout petit nombre, surtout parmi les Polonais de Pologne. Car le catholicisme pénètre le pays tout entier, depuis le paysan illettré jusqu'aux classes élevées. Là encore le sol de la persécution a conservé la foi; mais le peuple était capable de la conserver par lui-même; car, en Autriche, où les catholiques ont toute liberté, la Pologne est restée profondément religieuse. Les martyrs n'ont pas manqué sur la terre de saint Stanislas. Qui comptera, à part Dieu, toutes les vies offertes pour la foi catholique? Tous les cadavres semés sur les routes de Sibérie? Une telle noblesse oblige, et les Polonais le savent. Aussi gardent-ils, malgré tous les moyens de coercition qu'on emploie contre eux, l'amour de leur religion en même temps que le culte de leur nationalité.

C'est donc comme en sol sacré que, une fois franchie la frontière de Moravie, j'entre sur le territoire de ce peuple immolé et fidèle. Pendant que l'express de Vienne m'emporte à toute vapeur entre les collines de la Pologne autrichienne et l'arête lointaine des Karpathes, je regarde avec intérêt ces prairies, ces forêts, ces chaumières qui, sans doute, ont eu leur histoire dans les temps d'insurrection, et sur lesquels le soir étend la mélancolique draperie de ses ombres. La nuit s'épaissit; un bruit de fer annonce que nous traversons la Vistule; je suis à Cracovie.

CRACOVIE

Cette vieille capitale, détrônée au commencement du XVIIe siècle par Varsovie, est bien encore la ville la plus intéressante de la Pologne. Là sont réunis tous les souvenirs de la nation, les tombeaux de ses rois et les châsses de ses saints. La domination autrichienne, moins dure que le joug russe, y permet une plus libre expansion de la vie polonaise.

Aujourd'hui que toutes les villes se ressemblent et aspirent à reproduire les splendeurs parisiennes, Cracovie fait encore exception. On y peut chercher du pittoresque et de la couleur locale sans crainte d'être déçu ; on trouve là au moins quelque chose qui ne ressemble pas à tout le reste.

La population d'abord. La manie des habits parisiens n'a pas encore envahi le bon peuple de Cracovie. On s'en ressent déjà, mais les classes populaires n'en sont nullement atteintes.

C'est par un matin de marché qu'il faut voir les rues et la grande place de Cracovie.

Les paysans arrivent avec leurs charrettes sommaires, une poutre sur quatre roues et trois ou

quatre planches sur cette poutre. Le charretier porte
une sorte de tunique blanche, serrée à la taille par
une ceinture de cuir, et les inévitables bottes de ce
pays-là, car quiconque ne va pas nu-pieds porte des
bottes.

Les femmes sont des arcs-en-ciel ambulants. Le
rouge, le bleu, le vert chatoient sur leurs vêtements.
Avec un rayon de soleil sur ces costumes éclatants,
la grande place offre aux regards une vraie débauche
de couleurs vives. Tout autour de Sukiennice, sorte
de musée-arsenal-bazar qui en occupe le centre,
c'est un fourmillement multicolore qui fait songer à
une de nos prairies en fleurs agitée par le vent.
Seulement, ici, les fleurs sont vivantes; elles se
démènent, vont et viennent, et, au milieu d'elles,
presque immobiles, se tiennent, comme ces épouvan-
tails qu'on dresse dans les champs, les noires figures
des juifs.

C'est une population bien curieuse que ces juifs
de Cracovie. Assurément, tous les juifs polonais
valent la peine d'être vus. Mais en Russie, on les
règlemente davantage.

C'est en Galicie qu'on voit le juif polonais dans
toute sa saleté native, et aussi dans tout son pittoresque.

On le reconnaît à son costume, qu'il garde aussi
obstinément que les pratiques de sa religion. Vêtu
d'une longue houppelande noire qui lui descend
jusqu'aux talons, coiffé d'un chapeau de velours
ou d'une large casquette, botté naturellement, les
cheveux longs et frisés sur les tempes comme ceux
de nos vieilles douairières, le juif attend nonchalam-

ment à la porte de sa petite boutique, où les marchandises, entassées en un désordre malpropre,
laissent à peine un passage pour l'ache-
teur.

Rien ne semble le presser ; immobile comme l'araignée qui guette les mouches, il sait bien que les chrétiens seront forcés de venir à lui, car il les tient par l'argent. S'il marche dans la rue, c'est d'un air dolent, presque craintif. Sa figure hâve semble sortir des entresols obscurs qui ne voient guère le soleil.

JUIF DE CRACOVIE.

Il sent peut-être combien il est méprisé des passants qui le frôlent, mais il n'en continue pas moins sa route d'un air morne et tranquille, sûr, qu'à la fin, il saura bien retrouver son compte.

Les petits juifs ont déjà ce teint blafard et cet air triste ; eux aussi portent la longue houppelande, les bottes et les cheveux frisés sur les tempes ; et c'est chose fort curieuse que ces bambins ainsi accoutrés qui s'amusent d'un air grave dans la rue.

Mais les plus curieux de tous, ce sont les vieux, qu'on voit trottiner sans bruit dans Kazimierz, le quartier juif, où le nom des rues est inscrit en hébreu ; ils vont courbant vers la terre une figure

ratatinée, d'où se détache en saillie un nez crochu, et
d'où pend une longue barbe grise. Leur houppelande n'est souvent plus qu'une salle guenille verdie
et décolorée par le temps. Assurément, ce ne sont
pas des figures banales, et un peintre, ami des types
pittoresques, serait à la fête ici et trouverait ample
matière à exercer son crayon.

Toute cette population a un air si misérable, si
souffreteux, qu'on se sent de prime abord envahi par
une profonde pitié, et que nul ne semble plus à plaindre qu'eux. Mais, en réalité, ce sont les vrais maîtres
de la ville.

Un des malheurs de la Pologne, ç'a été de ne pas
posséder cette classe moyenne qui donne tant de soli-
dité à une nation. Tout le monde était noble ou
paysan, et le vide laissé entre les deux ordres extrêmes fut rempli par les juifs; tout le commerce passa
entre leurs mains, et il y est resté.

Dieu sait s'ils en profitent ! Je garde donc ma
pitié pour les paysans polonais qui sont entre leurs
griffes, ne peuvent rien faire sans eux, et sont obligés d'en passer par les conditions que leur dicte
Israël.

La ville est à peine moins curieuse que ses habitants. Sans doute, elle ne possède pas de monuments
de premier ordre dont la renommée universelle
attire des flots de voyageurs, mais les nombreuses
églises dont elle est parsemée, et qui l'ont fait sure
nommer la Rome polonaise, lui donnent un cachet
particulier. Dans le nombre, il y en a d'intéressantes.

Elles unissent assez souvent le gothique occi-
dental au byzantinisme de l'Orient. On y voit des

autels à rétables immenses, largement ornés de peintures et de dorures ; des Vierges semblables à celles des icônes de Russie ; des tombeaux et des plaques funéraires en abondance. Je retrouverai ce caractère dans presque toutes les églises polonaises ; ce sont des cimetières en même temps que des sanctuaires. A Cracovie, beaucoup de ces monuments ont, à défaut d'art, un air vénérable d'antiquité qui ajoute au recueillement, à la paix des nefs et des chapelles.

Sur la grande place, se dressent les hautes tours gothiques, un peu bizarres, de Notre-Dame. C'est une vieille église, à laquelle se rattache plus d'une légende.

On montre, à l'entrée du Sukiennice, un couteau suspendu là de temps immémorial. Deux frères, dit la légende, avaient entrepris la construction des tours ; chacun élevait la sienne ; une rivalité ardente se mit entre eux : c'était à qui construirait le plus haut et le plus vite. L'un d'eux, dévoré de jalousie, un jour qu'il rencontra son frère sur les échafaudages, lui plongea un couteau dans le cœur et se tua ensuite. Voilà pourquoi les deux tours sont restées inégales ; et l'on a conservé l'instrument de ce meurtre.

Du haut des tours Notre-Dame, le trompette de la ville annonce les heures du jour et de la nuit.

Il joue un vieil air étrange et mélancolique, qui date, dit-on, du XIe siècle. Parfois, dans le jour, le son de la trompette se perd dans le tumulte de voitures et le brouhaha du marché. Mais, quand la nuit a fait le silence, on l'entend distinctement qui monte

Église Notre-Dame de Cracovie.

et plane au-dessus de la ville endormie. Les notes jaillissent rapides d'abord, puis se prolongent plaintivement, vibrantes et tristes ; tout à coup, on entend une petite note brève qui éclate, et brusquement, sans qu'on s'y attende, tout rentre dans le silence. Cette mélodie a sa légende ou son histoire :

Quand les Tartares vinrent au XIIIe siècle assiéger Cracovie, ils voulurent surprendre la ville ; mais le héraut veillait, et le vieil air cracovien donna l'alarme aux habitants endormis. Furieux de voir la ruse découverte, l'un des ennemis banda son arc, et la flèche vint en sifflant se ficher dans le gosier du trompette. La mélodie ne fut pas achevée ce jour-là et ne l'a jamais été depuis ; car, en souvenir de cette journée, on n'a plus joué l'air traditionnel que jusqu'à cette note où la flèche du Tartare vint le couper.

A côté de la grande église de la Vierge Marie se dresse une chapelle dédiée à sainte Barbe, occupée aujourd'hui par les Pères Jésuites. La construction résulte d'un vœu des maçons qui élevèrent Notre-Dame. Ils promirent de consacrer leurs heures de repos à l'édification de cette chapelle, et c'est ainsi qu'elle surgit de terre, sans avoir rien coûté à personne, œuvre de la bonne volonté du peuple.

Mais la plus vénérable des églises de Cracovie, c'est assurément la cathédrale. Elle est enclavée dans le vieux château, sombre et puissant qui, de la colline de Wavwel, domine la Vistule.

C'est là le noyau de Cracovie et de la Pologne. Dans les flancs de cette colline demeurait jadis, dit la légende, un formidable dragon, qui était la terreur de tous les alentours, quand survint dans le pays un héros du nom de Cracus, qui tua l'immonde bête, et sur son repaire jeta les fondements d'une forteresse à laquelle il donna son nom.

Cracovie est dominée par un tumulus conique, évidemment façonné de la main des hommes. C'est là, dit le peuple, que doit être le héros antique, dont les traits indécis se perdent dans les brumes de la légende, mais qui tout de même a peut-être existé et réellement fondé la ville à laquelle il doit de n'être pas oublié de la postérité.

Dans la cathédrale, on conserve des trésors sans prix pour les Polonais : la châsse de leur patron, saint Stanislas, celui qui ressuscita un mort pour l'amener comme témoin au tribunal du roi et fut assassiné par ce même roi dans une église voisine de Cracovie ; les tombeaux de leurs plus fameux héros, Sobieski, Koszciusko, Poniatowski ; les restes de leur plus grand poète, Mickiewicz.

C'est là vraiment le cœur de la Pologne ; toutes les gloires de la patrie s'y sont donné rendez-vous dans la mort ; le saint, les héros, le poète sont réunis sous ces vieilles voûtes, pour témoigner en face de Dieu que leur nation a bien prié, bien combattu et bien chanté, et représenter les forces vives de la Pologne.

Koszciusko, le héros de l'indépendance, a un autre monument en dehors de la ville, monument fort simple, mais gigantesque et durable.

Il était juste qu'on le célébrât en cette cité qui le vit appeler aux armes ses concitoyens, même les paysans, et fut témoin du serment que lui prê-

CHATEAU ET CATHÉDRALE DE CRACOVIE

tèrent les insurgés sur la place du marché, derrière le Sukiennice. C'est à quelques lieues de là qu'il remporta sur les Russes la victoire de Raclawice qui fut un éclair de joie dans la sombre histoire de la Pologne.

Puisque Cracus avait déjà un tumulus qui gardait sa mémoire, les Polonais résolurent d'en élever un autre en l'honneur de Koszciusko.

C'était en 1820, quand Cracovie était encore une république indépendante. Tout le peuple se mit à l'œuvre. Les vieux soldats de l'indépendance, les jeunes générations instruites par leurs pères donnèrent leur concours. Des milliers de mains remuèrent la terre, et au sommet d'une colline naturelle s'éleva une colline artificielle, d'où l'on domine la campagne environnante. On voit au nord, fuir vers la frontière russe les plaines largement ondulées de la Galicie, et au sud, bien loin, se profiler sur l'horizon la ligne embrumée des Karpathes.

Ce monument n'a rien d'artistique, mais il est l'œuvre d'un peuple ; il n'est pas sorti de l'atelier d'un sculpteur, ni du cabinet d'un architecte ; la ville en fut l'artisan, et il domine ces plaines qui fournirent au héros ses premiers soldats.

Ainsi Cracovie, avec ses églises et ses tombeaux, son château jadis royal, ses vieux costumes, ses mœurs antiques, son musée national, Cracovie est un vrai mémorial des gloires et des douleurs de la Pologne. Je m'imagine que, quand un Polonais émigré veut se retremper dans l'atmosphère nationale, c'est là qu'il doit revenir de préférence.

AU MUSÉE NATIONAL DE CRACOVIE

Des peintres italiens, français, flamands, hollandais, on en peut voir partout ; des anglais, on n'en voit guère qu'en Angleterre, et des polonais, qu'en Pologne.

Cela tient, sans doute, à ce que ces peintres n'ont pas acquis la renommée cosmopolite des autres ; et cependant il y a de bien jolies choses parmi les Reynolds et les Gainsborough, et l'école polonaise, pour être plus obscure encore, n'en a pas moins produit de très belles œuvres.

Le Musée national de Cracovie en contient d'intéressantes.

Ce n'est pas seulement une collection de peinture, mais aussi de souvenirs historiques. On a ramassé là quelques reliques de Koszciusko et de Mickiewicz, des habits, des uniformes, des écrits ; mais les Polonais disent que leur véritable musée d'histoire est à Rapperswyl, sur les bords du lac de Zurich, dans la Suisse hospitalière aux exilés.

C'est donc surtout pour voir des tableaux que j'entrai dans le Sukiennice. Quand j'essaye de rassembler mes souvenirs, je m'aperçois que les anciens maîtres s'en sont échappés sans laisser de traces. Mais, parmi les modernes, deux noms restent dans ma mémoire : Matejko et Grottger.

Matejko, qui eut son heure de célébrité, n'est plus guère connu que de ses compatriotes. Et pourtant la vigueur de ses conceptions, l'éclat de sa couleur, l'expression pittoresque de ses figures, le sortent certainement de la vaste foule des médiocrités. Il peint avec entrain ; ses grandes machines palpitent d'une vie intense ; ce sont vraiment des résurrections de la vie des peuples.

Je n'aime pas beaucoup pourtant son entrée de Jeanne d'Arc à Reims, fouillis très animé sans doute, mais fouillis ; on a peine à discerner la figure centrale dans ce pêle-mêle. Et ces Français du moyen âge que l'artiste a prétendu peindre, ce sont des Polonais de nos jours, des types qu'on rencontre quotidiennement dans les rues de Cracovie.

Où Matejko est vraiment grand, c'est quand il traite des sujets nationaux : la Victoire de Grünwald sur les Chevaliers teutoniques, le Serment d'Albert de Brandebourg, Koszciusko après le combat de Rachawice.

Il y a, dans la bataille de Grünwald, une furieuse charge de cavalerie qui vient directement sur le spectateur ; on dirait que les chevaux vont sortir de la toile et fondre sur vous ; je me rappelai ces chasseurs d'Horace Vernet qui, dans la Prise de la Smala, chargent de face également, et bondissent avec tant d'entrain vers les tentes de l'émir. Ici, il y a encore plus de fougue et de vigueur.

Les Teutoniques, battus à Grünwald, se reconnurent plus tard les vassaux de la Pologne ; le grand-maître, Albert, vint prêter serment à Sigismond, et ce sont les gloires de cette cérémonie que Matejko a fait revivre ; splendide prétexte aux brillants exploits de son pinceau, amoureux des riches étoffes, comme celui de Véronèse.

SOLITUDE.

Enfin, le rayon de gloire qui illumina les débuts de Koszciusko, Matejko l'a fixé pour la postérité ; et c'est peut-être la plus belle de ses œuvres, car elle est plus reposée ; le héros, au milieu des blessés russes et des siens, arrête son cheval, se découvre et remercie Dieu du succès remporté. Chaque personnage a son expression, et tout se concentre sur la figure du noble insurgé ; cela vit, et ce n'est pas tourmenté comme les autres œuvres du maître.

J'ai gardé le souvenir aussi d'un vieux barde, qui, soutenu par un groupe de patriotes, les yeux ouverts sur l'avenir, prédit les destinées de la Pologne, pendant qu'un soleil ardent, qui se couche derrière lui, fait à sa tête une auréole de flammes.

Matejko m'a surpris, ébloui, étonné ; mais Grottger m'a ému, par les simples fusains où il a fait tenir les tristesses de l'histoire nationale.

Cet artiste faisait des séries de dessins, en chacune desquelles il incarnait une idée, et dont les plus célèbres sont : Polonia et Lituania. Lituania est la seule qui soit au Musée de Cracovie.

Le Serment.

C'est une suite de six tableaux, dont le sujet est l'insurrection, et que voici par ordre :

I. *Solitude.* — La vieille forêt lithuanienne sauvage et dernière retraite des aurochs ; les troncs gigantesques des arbres baignent leurs pieds en un cours d'eau où vient se désaltérer un lynx ; entre les branches glisse un fantôme transparent et voilé. C'est la Mort, sa faux sur l'épaule, qui vient pour recueillir une moisson d'hommes.

II. *Le Signal.* — Une chaumière polonaise ; un crucifix, une image de la Vierge de Wilna ; l'homme, assis sur la couchette, est endormi ; mais la femme, effrayée, le réveille ; car, à la lueur de la chandelle, on aperçoit à la fenêtrė une main, une simple main qui frappe au carreau. C'est la révolte qui passe.

LA VISION.

III. *Le Serment.* —Uneclairièredans la grande forêt ; un moine, debout, élève un crucifix, et l'insurgé, pliant un genou en terre, la main haute, jure de mourir pour sa patrie ; et derrière lui flamboient les faux meurtrièresdespaysans armés.

IV. *Le Combat.* — La mort est à l'œuvre. Dans la forêt où elle passait silencieusement tout à l'heure, la voilà qui fauche les vies par milliers. L'insurgé s'élance, le drapeau national à la main.

V. *L'Ombre.* — Voici de nouveau la chaumière. Le héros a succombé. La femme, triste, serre son enfant dans ses bras. Mais le chien, surpris, détourne la tête ; c'est que la porte s'est ouverte, et une ombre vaporeuse, celle du mort, est entrée dans la maison, et, les yeux baissés, montre de la main la blessure par où la vie a fui.

VI. *La Vision.* — Les carrières de Sibérie. La

femme de l'insurgé est là, avec sa brouette et sa pioche; mais elle est tombée à genoux, voici que lui apparaît la grande consolatrice, la Vierge lithuanienne, dont l'image dominait son lit. De quels espoirs lui parle-t-elle? Des immortelles espérances du chrétien, ou de l'avenir de la patrie?

C'est sur cette énigmatique vision que se termine la série. Il m'a semblé que l'artiste avait fait passer dans ces modestes dessins quelque chose de l'âme de son pays, qu'il ne suffisait pas, pour faire cette œuvre, de manier habilement le crayon, mais qu'il fallait être patriote ardent et convaincu. Et les œuvres qui rendent les émotions d'une âme ne sont-ce pas les plus belles?

WIELICZKA

Les fameuses mines de sel de Wieliczka sont à une petite distance de Cracovie. Un train paisible franchit lentement cette distance, d'une allure bonhomme, et quand nous avons savouré le paysage à loisir, vient achever de se reposer en gare. Là, des voitures fort primitives, en osier tressé, prennent les voyageurs qui ne préfèrent pas faire le reste de la route à pied.

On arrive dans un village, où sur la place de l'église toutes les boutiques portent les noms de Nathan, Jacob, Abraham, etc. Les Polonais travaillent dans la mine, et les Juifs vivent sur les Polonais.

A trois heures doit commencer la descente. On réunit tous les visiteurs du jour en assemblée délibérante pour savoir s'ils choisissent la visite de première, deuxième, troisième ou quatrième classe. Personne de nous ne veut avoir l'air de lésiner, et

nous votons à l'unanimité pour la première classe.
Nous aurons le grand éclairage et la musique.

Cependant, les ouvriers remontent par un étroit
escalier. On les voit émerger à la file du trou noir,
où leurs petites lampes clignotent dans l'obscurité.
En arrivant, ils tendent leurs jambes bottées à un
gendarme, qui les tâte pour voir s'ils n'emportent
rien.

De notre côté, nous procédons à notre toilette.
Hommes et femmes revêtent une blouse blanche
qui doit préserver les habits, et tout le monde se
coiffe d'une calotte verte, qui, pour la forme, ressemble assez au bonnet de police de nos troupiers.

Voilà nos préparatifs terminés. La musique de la
mine a déjà disparu dans les profondeurs sombres de
l'escalier pour se poster aux bons endroits, et, de
là, nous envoyer des effluves d'harmonie. La troupe des visiteurs s'engage à son tour sur les marches
humides ; nous tournons, nous descendons, et nous
voilà dans le sel par-dessus la tête.

Qu'on ne s'imagine pas des murailles étince--
lantes de blancheur, qui renverraient aux lampes
des mineurs des reflets multipliés. Ce sel est d'une
couleur gris sale, à peu près comme certaines pierres
sombres. A vrai dire, on dirait de la pierre,
et il faut lécher les murailles pour s'assurer que
c'est du sel.

Nous parcourons de longues galeries — on dit
qu'il y en a plus de 150 lieues — nous descendons
toujours de nouveaux escaliers ; nous traversons
des salles immenses, dont la voûte de sel s'élève
haute comme celle d'une cathédrale ; les grands

lustres, dont nous nous sommes payé le luxe en choisissant la première classe, ont peine à y jeter un peu de lumière.

Représentez-vous dans tout cela une procession de fantômes blancs à bonnets verts, des lumières qui vacillent, des chandelles romaines qu'on brûle pour éclairer les grandes salles, les accords de la musique, qui nous précède toujours, et vous aurez une idée de notre promenade dans la mine de Wieliczka.

Nous arrivons à un étang qu'il faut traverser. C'est ici que triomphent les truqueurs qui ont arrangé la mine pour l'usage des étrangers. Pendant que nous nous entassons sur un radeau sculpté, la musique invisible de l'autre côté de l'étang fait entendre des accents mystérieux, lointains ; des accords vaporeux et indécis flottent dans l'air, et, tout doucement le radeau se détache du rivage sans bruit, et s'avance lentement, comme de lui-même, répercutant ses lumières dans les eaux salées.

On nous fait visiter une chapelle taillée dans le sel, avec des statues de saints en sel ; ce n'est pas une simple curiosité ; c'est une chapelle qui sert. On y dit la messe une fois par an, à la fête patronale des mineurs.

Dans les parties les plus basses, nous rencontrons les rails du tramway, qui a 40 kilomètres de développement et sert à transporter des blocs de sel. Il y a des chevaux qui vivent à cette profondeur, et, paraît-il, ne remontent jamais au jour. Mais on ne nous les a pas montrés ; je le regrette, car on m'a dit qu'ils n'avaient pas de poil, et des chevaux sans poil, je n'ai pas encore eu l'occasion d'en voir.

Enfin, d'escalier en escalier, nous dégringolons jusqu'au fond de la mine, à deux cent quatre-vingts mètres au-dessous de l'entrée. C'est là que se trouve la salle de festin. Une fois par an, on y sert un banquet aux mineurs. Pour nous, nous n'y voyons qu'un jeune débitant à type juif, qui nous sert des sandwiches et divers rafraîchissements.

Pendant ce temps, la musique, installée dans une tribune, joue des airs polonais, ce qui exalte le portier de mon hôtel, qui a amené deux Américains ; il me fait en français une vibrante déclaration de foi patriotique, ponctuée de quelques jurons sonores que ne désavouerait pas le colonel Ramollot.

Après quelques minutes de repos commence l'ascension.

On ne nous impose pas de recommencer tous les escaliers descendus ; mais on nous hisse, par petits groupes, au moyen d'un treuil qui actionne une sorte d'ascenseur très primitif. On vous avertit de vous tenir droit, de ne vous pencher ni d'un côté ni de l'autre ; l'employé murmure une courte formule, qui est sans doute une prière, et l'on monte dans le noir jusqu'à ce que l'on retrouve la grande lumière du jour.

En somme, on ne voit pas le travail de la mine, qui est suspendu pendant la visite ; mais on se promène dans des souterrains de sel éclairés de beaucoup de bougies ; on voit des statues de sel, des pyramides de sel, des murailles de sel, et ce n'est point tout à fait banal.

LE PASSEPORT

Le train d'Autriche entre lentement dans la gare-frontière ; avant même qu'il ait fini de rouler, la portière s'ouvre, une large casquette blanche apparaît :

« Votre passeport ! »

C'est le premier mot qu'on entend lorsqu'on entre en Russie.

« Chez vous, m'a-t-on dit un jour, l'homme se compose d'un corps et d'une âme ; mais ici, l'homme se compose d'un corps, d'une âme et d'un passeport. »

En effet, on ne saurait jouir d'aucun droit, d'aucune liberté sans un passeport ; et non pas seulement les étrangers, mais même les gens du pays qui voyagent.

Chaque fois que vous arriverez dans un hôtel, le portier, s'inclinant profondément, vous dira : « Monsieur, veuillez me remettre votre passeport, afin que je le fasse viser par la police. »

Je dois dire d'ailleurs que la police russe a été très courtoise pour moi ; j'en rends grâce à l'alliance ; il est certain que ma qualité de Français m'a sauvé de plus d'un tracas. On m'a suivi de l'œil, d'un œil un peu inquiet, on s'est informé auprès des personnes que j'avais visitées, on a dit qu'on écrirait en France pour se renseigner sur moi, car je pouvais être un socialiste déguisé ! Mais, personnellement, on m'a fort bien traité.

De même à la douane, où je fus l'objet d'une grande curiosité. On ne voit pas souvent de prêtres français passer par là. Le douanier remua mes livres, devina tout seul que mes Bædekers étaient inoffensifs, ne s'étonna pas trop de mon bréviaire, mais fut intrigué par mon Ordo. Il porta le livre à son chef, avec un regard interrogatif qui m'amusa beaucoup. Le chef jeta un coup d'œil, comprit qu'il n'y avait rien de subversif là-dedans, et rendit le livre en silence.

Quelques-uns m'avaient dit : « Vous ne passerez pas. » Mais je suis passé sans difficulté, en ma qualité de Français.

Un vieil Américain, *globe trotter* émérite, rencontré à Wieliczka, et qui revenait de Moscou, m'avait averti de ne pas manquer à une seule des formalités du passeport.

« Pour moi, me dit-il, j'ai été obligé de passer une nuit entière à la frontière. J'avais oublié de faire apposer à mon passeport le visa spécial sans lequel on ne peut pas quitter la Russie. La police voulait me faire retourner jusqu'à Moscou pour chercher ce visa. Par bonheur, j'avais sur moi la carte du gouverneur de cette ville et une lettre du comte Tolstoï ; on consentit à me laisser télégraphier, et je dus attendre la réponse. Comme il n'y avait pas d'hôtel dans le village où j'étais, je demandai en grâce qu'on voulût bien me mettre en prison, afin que j'eusse où passer la nuit. Je n'étais coupable de rien : on ne voulut pas accéder à ma demande. Enfin je trouvai une espèce de chambre à côté du bureau de police. Quand je me réveillai le lendemain matin, l'autorisation était arrivée, et on me laissa passer. »

Bon, me dis-je ; voilà qui ne m'arrivera pas. Un homme averti en vaut deux, et je prendrai mes précautions.

Donc, dans la dernière ville où je séjournai, je me rendis au bureau de police, et j'expliquai de mon mieux, par un interprète, que je voulais quitter la Russie, et que je demandais le visa nécessaire.

« Revenez demain », me dit le secrétaire, avec une gracieuse courbette.

Le lendemain, je retournai. Tout le monde se leva pour me recevoir. On fit taire les soldats qui chantaient à côté. Je m'expliquai encore de mon mieux, et on me remit mon passeport, que j'empochai avec la satisfaction d'un homme qui est en règle.

A la frontière, derechef la portière s'ouvrit et la casquette blanche se montra :

« Votre passeport ! »

Je le tendis avec la tranquillité d'une bonne conscience, et j'allai m'asseoir au restaurant de la gare.

Dix minutes après, le gendarme revient vers

moi, et me baragouine deux ou trois phrases où je comprends qu'il y a quelque chose qui ne va pas. Mais je ne sais pas quoi. « Monsieur, lui dis-je, en rassemblant le peu de polonais que je possède, je ne vous comprends pas bien ; parlez - vous allemand ? »

Oui, le bon gendarme parlait allemand ! Nous allions nous entendre !

« Eh bien ? Qu'est-ce qu'il y a ?

— Mais il y a que votre passeport n'a pas le visa voulu, et que vous ne pouvez pas partir.

— Comment ? Mais je suis allé deux fois au bureau de police pour demander ce visa ; j'ai indiqué le jour où je comptais franchir la frontière ; on m'a remis un passeport avec du russe au verso, et j'ai cru que c'était ce qu'il me fallait. Et maintenant, il m'est interdit de passer ! »

Très embarrassé, le gendarme ; dans le groupe qui s'est formé, deux ou trois personnes appuient mes réclamations. Le pandore russe déclare qu'il va en référer à son chef.

« Et qu'est-ce qu'on va me faire ? » dis-je au garçon du restaurant.

« — Monsieur, vous serez sans doute obligé de retourner à la ville d'où vous venez pour obtenir le visa. »

Un jour pour aller ; un jour pour revenir ; deux jours de perdus ; cela ne me souriait guère.

Trois quarts d'heure se passent ; n'ayant sur moi ni carte du gouverneur de Moscou, ni lettre du comte Tolstoï, je m'inquiète un peu. Las d'attendre, je me dirige vers la police.

Les gendarmes buvaient de la bière; mon homme m'aperçoit aussitôt, épanouit sa figure en un large sourire, et, essuyant sa moustache du revers de la main, me crie: Gut! Gut!

Tout était arrangé.

Mon titre de citoyen français m'avait encore une fois sauvé; et, grâce sans doute à l'amitié qui unit Félix Faure et Nicolas II, le sort de l'Américain me fut épargné.

CZENSTOCHOWA

De Cracovie à Varsovie, le paysage n'a rien de bien particulier. C'est tantôt une Beauce et tantôt une Sologne.

Parfois la plaine s'étend à perte de vue, comme une mer, vers l'horizon immense ; mais ses vastes espaces sont plus solitaires que chez nous, les clochers plus rares, les maisons plus pauvres. C'est comme une Beauce qui ne serait ni riche ni peuplée.

Puis voici la Sologne : des bois de sapins, d'où monte la mélancolie, des intérieurs de forêt qui font songer ; une sombre verdure jetée comme une tenture de demi-deuil sur une terre recueillie et silencieuse.

J'ai même passé une miniature de Sahara, des sables mouvants, avec des arbustes pour en défendre la voie, comme au chemin de fer transcaucasien ; mais un instant seulement, le temps d'en avoir une idée.

Au lieu de continuer directement sur Varsovie, je m'arrête à Czenstochowa.

Peu de Français connaissent même le nom de

cette ville ; cependant elle est presque aussi célèbre
en Pologne que Lourdes chez nous. C'est le grand
pèlerinage de la sainte Vierge ; on y accourt de
partout : des plaines de la Vistule, des montagnes
des Karpathes, de la Lithuanie, du duché de Posen ;
au jour de la Nativité, on n'y compte pas moins
de cent mille pèlerins.

Les malades y viennent, comme à Lourdes, demander la santé, et les miracles sont fréquents ; mais
la police russe ne permet pas de les publier ; il n'y a
que chez les orthodoxes que la sainte Vierge ait
le droit d'en faire.

Le monastère de Jasna-Gora, qui est le but du
pèlerinage, était jadis un lieu fortifié. Perché sur une
colline, il domine d'immenses plaines qu'on dirait
beauceronnes. Ce fut le dernier rempart de l'indépendance polonaise pendant l'invasion suédoise
de 1656.

Au moment où Charles-Gustave parut à la Pologne surprise et trahie « comme un lion qui tient
sa proie dans ses ongles, tout prêt à la mettre en
pièces », les murs du vieux monastère soutinrent le
choc qui avait ébranlé le royaume. Quand « les chevaux n'étaient vites, ni les hommes adroits que
pour fuir devant le vainqueur », le prieur Kordecki
se mit à la tête de la défense ; on tint bon ; cette
résistance donna le temps de former une ligue qui
chassa l'envahisseur, et un roi protestant ne régna
pas sur une nation catholique.

En raison de ce glorieux souvenir, en raison
surtout de l'image sainte que l'on conserve en cet
endroit, le nom de Czenstochowa est entouré chez les

Polonais du plus profond respect. Les Russes, eux-mêmes, n'ont osé toucher à ce pèlerinage autant qu'ils l'auraient voulu. Sans doute ils ont dressé devant l'église, une colossale statue d'Alexandre II. Mais le monastère a gardé le droit de recevoir des novices. C'est le seul dans la Pologne russe qui jouisse de cette liberté. Les autres sont condamnés à disparaître bientôt par voie d'extinction, et l'on m'a montré un vénérable capucin à barbe grise qui était le plus jeune frère de son couvent.

Le trésor renferme des richesses immenses, dons accumulés dans le cours des siècles par la piété des grands, des rois et des reines. Mais le vrai trésor c'est, aux yeux des pèlerins, la sainte image, peinture byzantine qui représente la Vierge et l'Enfant Jésus : la joue de la Vierge porte trois balafres qui remontent, d'après la tradition, à la guerre des Hussites ; quand ces hérétiques pillards frappèrent à coups de sabre le tableau sacré, le sang en jaillit, et les profanateurs effrayés abandonnèrent leur œuvre de destruction.

Venu non seulement en pèlerin, mais aussi en curieux, j'ai regardé avec un profond intérêt la foule aux costumes bigarrés qui remplissait l'église, les chapelles, les longs corridors et les abords gazonnés du monastère. C'était quelques jours avant le 8 septembre, et déjà l'on affluait de partout.

Quelle fête pour les yeux que cette infinie variété de costumes voyants et pittoresques !

Car en Pologne, où les communications sont difficiles, les coutumes locales se conservent intactes ; chaque district, chaque canton presque s'habille

différemment. Si bien des villes ont adopté le vêtement européen, il n'en est pas de même dans les campagnes. Aussi Czenstochowa, en un jour de pèlerinage, offre-t-elle à l'étranger une véritable exposition
du costume en Pologne.

Le sarrau blanc du montagnard, les bonnets fine-
ment plissés du duché de Posen, les culottes à
larges raies de la Mazovie, et cent autres variétés
d'habillement animent les pelouses qui conduisent
au couvent, encadrent les boutiques en plein vent,
où des juifs vendent des articles de piété et des
images grossièrement enluminées.

Mais un spectacle bien plus intéressant encore
que cette bigarrure, c'est la foi et la piété de ce
peuple. Les Polonais sont profondément catholiques,
très dévots à la sainte Vierge, et très démonstratifs
dans leur religion.

Déjà à l'extérieur du monastère on rencontrait
des groupes qui priaient en commun, chantaient des
cantiques, et, à genoux sur l'herbe, ou même pros-
ternés de tout leur long, répandaient leur âme devant
Marie, la Reine de Pologne.

A l'intérieur, les églises et chapelles étaient
pleines d'une foule priante et gémissante ; il fallait,
pour passer, enjamber des corps étendus sur le pavé,
et de cette foule plus fervente que silencieuse montait un murmure plaintif d'ardentes supplications.
Déjà les confessionnaux étaient assiégés. Il y en avait
même d'installés en plein air. Jusqu'au 8 septembre,
les moines, aidés d'une vingtaine de prêtres venus
des environs, pourront à peine suffire à leur ministère.

Le passage d'un prêtre à travers cette foule priante traçait un sillon longtemps visible. Quand j'arrivai de la ville au monastère, je rencontrai une troupe de paysans qui marchait en procession, la croix en tête et chantant des cantiques. Aussitôt qu'on m'aperçut, ce fut une débandade. En un clin d'œil, je me vis entouré d'une foule multicolore qui cherchait mes mains pour les embrasser, et m'adressait en polonais je ne sais quels souhaits ou quelles prières. Je ne pus que sourire à ces pauvres gens pour toute réponse. La même scène se produisit bien des fois dans la journée.

Les moines paulins me firent l'accueil le plus cordial. Ce n'est pas souvent qu'ils ont la visite d'un prêtre français. L'année précédente, Mgr Jourdan de la Passardière avait passé chez eux. Ces rares apparitions du clergé de France dans la Pologne russe sont saluées avec joie par nos frères de là-bas. J'ai trouvé partout le même accueil auprès des prêtres polonais, et cela m'a charmé de trouver si vivant en ces cœurs-là l'amour de notre vieille France.

Le prieur, une bonne figure de moine jovial, me fit les honneurs de son couvent. Nous nous promenâmes ensemble sur les ruines des anciens remparts, qui arrêtèrent les Suédois, et où se dresse aujourd'hui la statue du moine patriote, Kordecki. Il fallut s'arracher de là pour partir.

Je m'arrachai et partis tout de même, malgré les instances des moines et le plaisir que j'aurais eu moi-même à rester parmi de si braves gens ; je partis content d'avoir un instant mis la main sur le cœur catholique de la Pologne.

On comprend alors comment ce pays, malgré les partages et les persécutions, est toujours resté fidèle à lui-même ; à Czenstochowa, on vient de la Prusse, de l'Autriche et de la Russie ; mais il n'y a ni Prussiens, ni Autrichiens, ni Russes ; ce sont des Polonais tout simplement ; et cette unité d'une nation scindée en trois lambeaux, elle la doit surtout à la foi religieuse, dont elle est imprégnée si profondément.

VARSOVIE

Si l'on arrivait directement d'Allemagne à Varsovie, on trouverait peut-être cette ville très intéressante. Mais, en venant de Cracovie, il faut s'attendre
à une déception.

La ville est moins ancienne, d'abord. La plupart
de ses monuments datent des deux derniers siècles
et furent élevés par des artistes italiens, qui trans-
portèrent dans ces régions septentrionales le faire et
le style de leur pays. Ce sont des pastiches. Combien
plus vénérables ces vieilles églises, qui semblent être
nées des entrailles mêmes du sol ! Combien plus belle
cette architecture sans nom d'auteur, qui sort de la
foi même d'un peuple !

Les palais et les maisons riches sont des pastiches
des constructions parisiennes, dont elles n'ont d'ailleurs ni l'élégance ni la richesse. Les rues sont
droites, larges, et se coupent à angle droit. Le seul
pittoresque qu'on y remarque, c'est celui du pavé,
qui donne des entorses et fait presque sauter hors
des voitures. Encore le remplace-t-on maintenant
par du pavé de bois.

On ne voit pas de ces costumes en coquelicots qui fleurissent la place de Cracovie. Tout le monde est mis comme en France, sauf les juifs et les soldats. Encore les houppelandes des juifs sont-elles moins longues et plus propres ; les cheveux en tire-bouchon sur les tempes sont interdits par la loi ; la barbe est plus soignée ; on dirait presque de la civilisation.

Les musées ont été vidés pour remplir celui de Saint-Pétersbourg ; si l'on venait dans la capitale pour voir les œuvres des artistes polonais, ou les collections des anciens rois, on serait volé.

Varsovie ressemble donc trop aux autres villes d'Europe pour être très intéressante ; il y a cependant un coin qui est resté très couleur locale : c'est la vieille ville avec sa vieille cathédrale, qui n'est pas une merveille, mais qui, du moins, n'a rien du style théâtral de beaucoup d'autres églises.

C'est le quartier pauvre, et c'est aussi le quartier sale ; on ne se tient sur les pavés pointus que par des prodiges d'équilibre ; des ruelles étroites longent la Vistule ou descendent sur ses bords par des escaliers de pierre. Les maisons sont hautes, surtout sur la grande place du Marché, où, par une symétrie étrange, presque toutes ont trois étages et trois fenêtres par étage. Il paraît qu'une ancienne loi défendait d'avoir plus de neuf fenêtres.

A côté de la cathédrale se trouve le château royal ; ce n'est qu'un palais quelconque ; il n'a pas la fière mine de celui de Cracovie.

Devant le château royal s'étend une grande place : c'est là que les troupes russes tirèrent sur le peuple au moment de la dernière insurrection.

Les souvenirs historiques, voilà quel serait le
véritable intérêt de Varsovie. La capitale polonaise
a participé à toutes ces convulsions qui ont, de temps
en temps, secoué la malheureuse Pologne sous le
genou de son vainqueur, sans pouvoir l'arracher à
son écrasement. 1792, 1830, 1863 ont enfiévré ses
rues ; un frisson sublime a couru dans la ville ; puis
le massacre, l'écrasement, ce qu'un ministre français appelait l'ordre, ont régné dans la terreur.

Quand de tels mouvements ont traversé la vie
d'une cité, on aimerait à y retrouver un souvenir
des journées sanglantes, à suivre pas à pas les traces
de ce martyre ; mais les Russes ont mis tous leurs
soins à les effacer. Il n'y a pas un monument qui rappelle l'héroïque dévouement des patriotes. Une lourde
pyramide en l'honneur des Polonais qui ne s'insur-
gèrent pas en 1830, une statue de Paskiewicz, le
vainqueur de Varsovie, c'est tout ce que j'ai vu qui
pût rappeler le souvenir des luttes passées.

Et pourtant, du faubourg de Praga, où Souva-
row lança les hordes sauvages de ses Cosaques, qui
tuèrent tout, jusqu'au faubourg de Wola, où une
poignée de braves se fit écraser, que de souvenirs
glorieux et sanglants on pourrait faire revivre !

Si Varsovie, pour le voyageur, n'offre pas un aspect assez polonais, par contre, on y a déjà un avant-
goût, un aperçu du monde russe. Ce sont des églises orthodoxes aux coupoles en bulbe d'oignon, peintes en couleur vert tendre. C'est un pope aux longs
cheveux qui passe en une voiture que conduit un
cocher non moins chevelu. Ce sont surtout les soldats,
trapus, vigoureux et sales, avec leur bourgeron blanc

et leur culotte verte, tous bottés, tous coiffés de casquettes. On en rencontre à chaque pas, car les gar-
nisons polonaises sont très nombreuses ; il faut
qu'elles puissent tenir en respect la population et en
même temps faire face à l'Allemagne.

Sur les bords du large fleuve de la Vistule, près
du pont de fer qui relie Varsovie à Praga, on remarque les basses constructions d'une caserne en bois.
Les soldats ne portent pas le costume presque uniforme des autres régiments ; ils sont coiffés d'un bonnet de fourrure et vêtus d'une longue tunique fauve,
qui descend jusqu'aux genoux ; de larges yatagans
sont passés dans leur ceinture. Ce sont des Tcher-
kesses.

La présence de ces fils du Caucase dans la capitale de la Pologne en dit long sur la puissance et
l'étendue de l'empire russe, qui a placé sa main formidable sur ce pays catholique, puis sur ce pays mu-
sulman, et maintenant envoie les Polonais au Caucase, et les hommes du Caucase en Pologne, à cinq
cents lieues de distance, comme un joueur change
ses pions de place sur un échiquier.

On ne se fait guère une idée exacte de cette
étendue. Beaucoup m'ont dit : « Pourquoi n'avez-
vous pas poussé jusqu'à Moscou, pendant que vous
étiez en Pologne ? » On ne songe pas que Varsovie
n'est qu'à moitié chemin ; qu'il y a aussi loin du
château de Sobieski au Kremlin que de la Seine à
la Vistule. Le voyageur qui passe en Pologne
russe ne fait qu'échancrer un coin de ce vaste empire, qui se prolonge jusqu'aux solitudes glacées
du Kamtchatka, et fait presque la moitié du tour
de la terre.

VUE DE VARSOVIE.

22

Telles étaient mes réflexions comme je contemplais les farouches Circassiens dans la cour de leur caserne. Et je me demandais ce que deviendrait ce peuple, qui en a englobé tant d'autres ; il a déployé une rare puissance de conquête ; mais, malgré les efforts de ses maîtres pour tout ramener à l'unité, l'unité n'a pas été faite, ni pour la langue, ni pour les mœurs, ni pour la religion. Une main très forte, la main de l'administration russe, maintient ces éléments divers pressés l'un contre l'autre comme dans un étau. Qu'arrivera-t-il si, par la suite des temps, l'étau vient à se relâcher ?

L'avenir devant peu se préoccuper de mes prévisions, je les garde pour moi. En public, il est plus sûr de philosopher sur le présent ou le passé ; on est sûr au moins que les événements ne vous donneront pas un démenti.

PLOCK

Plock, une des plus vieilles villes de Pologne, dresse sa cathédrale et la tour qui reste de son château au-dessus du vaste lit de la Vistule, que coupe un pont de bateaux.

C'est un exemple assez typique de la ville de province polonaise. D'abord, bien qu'on y compte environ 25.000 habitants, il n'y a pas de chemin de fer. On n'y accède que par le fleuve ou par de lourdes diligences, dont il ne faut se servir que si l'on ne craint pas d'impossibles cahots. Car les chemins sont dans un tel état, que, même en été, un propriétaire qui va visiter ses domaines ou se rend à la messe le dimanche, attelle souvent quatre chevaux à sa voiture.

D'ailleurs, ce pays n'est pas riche en communications.

Il n'y a pas de facteurs, excepté dans les villes. Les lettres restent au bureau de poste jusqu'à ce qu'on vienne les réclamer. Une fois par semaine, quand on fait son marché, on passe au bureau et l'on enlève la correspondance qui s'est amassée pendant les huit jours.

On sera surpris d'apprendre qu'en Angleterre,
ce pays du progrès et de l'organisation, il y avait
encore, jusqu'à cette année, des districts qui en
étaient là. Mais, le *Postmaster general* vient d'or-
donner que tous les recoins du Royaume-Uni re-
cevraient la visite du facteur. Il passera sans doute
encore de l'eau sous le pont de Plock avant que
cette réforme ait pénétré en Russie.

Comme toutes les villes de la Pologne du Nord,
Plock présente un curieux mélange de populations
et de cultes. Il y a là trois églises catholiques, une
cerkiew ou église russe, une synagogue et un temple
protestant.

J'arrivai à Plock le mardi. Comme c'était le jour
de la Nativité, fête d'obligation, les magasins étaient
fermés. Le mercredi et le jeudi, les juifs faisaient
leur fête de la nouvelle année : maison close chez
eux. Le vendredi, il y avait une solennité en l'honneur du défunt czar, Alexandre III ; de par la loi,
tout fermé jusqu'à midi. Le samedi, jour de sabbat,
les juifs n'ouvrirent pas. Le dimanche naturellement, tout fut encore fermé. Il fallait bien viser par
trouver où acheter quelque chose.

Si la rue est moins bigarrée qu'à Cracovie, elle ne
laisse pas que d'être intéressante. Des juifs viennent
curieusement vous dévisager jusque sous le nez ; des
paysans arrivent au marché ou en reviennent, tirant
un ou deux cochons qu'ils tiennent en laisse ; à votre
rencontre ils se découvrent, plient les jambes et abaissent leur main droite presque jusqu'à terre ; c'est la
manière de saluer. « Loué soit Jésus-Christ ! » disent-
ils au passage d'un prêtre ; et celui-ci doit répondre :
« Aujourd'hui et dans tous les siècles. »

Voici un pèlerinage qui passe, revenant d'un sanctuaire voisin ; le bleu, le vert, le rouge éclatent, comme à Czenstochowa, sur les habits des pèlerins ; la croix marche en avant, et, tête nue, hommes et femmes chantent des cantiques d'une voix rauque, mais où ils ont fait passer leur âme.

Voici maintenant un régiment russe qui défile. Le sol résonne sous le pas lourd des fantassins, qui reviennent de manœuvrer aux alentours. Tous les cinq ou six pas, ils poussent tous ensemble une vocalise gutturale en gamme descendante, qui est d'un effet bizarre.

Puis, c'est le pope qui passe ou le pasteur protestant ; c'est le séminaire qui se rend à la cathédrale pour les offices, en grands manteaux à pèlerine ; bien que la plupart des séminaristes portent des chapeaux, j'en vois un coiffé d'une casquette, ce qui est d'un singulier effet avec une soutane.

Ces populations vivent côte à côte, sans se fondre aucunement. Je n'ai eu de rapports qu'avec les Polonais catholiques ; mais ces rapports ont été excellents, pleins d'une cordialité simple et respectueuse. Les prêtres surtout m'ont accueilli à bras ouverts, et j'ai gardé un reconnaissant et affectueux souvenir des séminaires de Plock et de Wloclawek.

Je fus admis dans quelques intérieurs polonais, et l'on m'invita à plusieurs repas ; j'étais à la place d'honneur, c'est-à-dire au bout de la table. Le maître de la maison commençait par remplir un petit verre de vieille eau-de-vie polonaise, *stara polska*, et, renversant la tête en arrière, l'avalait d'un trait. Puis le verre était rempli de nouveau, on me le tendait, et il fallait en faire autant. Plus souvent cependant, nous avions chacun notre verre, et, après les avoir choqués à la santé de la France, nous renversions simultanément nos têtes pour avaler d'un coup, selon le rite, ce vigoureux apéritif.

C'était d'ailleurs la seule boisson du repas. Il fallait, pour se rafraîchir un peu, tirer sur les concombres qui accompagnent toujours la viande en un repas polonais.

Ensuite on apportait le samovar sur la table, le samovar sans lequel, disent les Russes, il ne peut y avoir de bon thé; et pendant que l'herbe chinoise, amenée à dos de chameau par-dessus les montagnes d'Asie jusqu'à la grande foire de Nijni-Novgorod, et de là dispersée partout, pendant que le thé mijote doucement sur le fourneau de cuivre, et que les verres se vident et s'emplissent, on cause ; c'est le moment des tranquilles conversations ; on rit, on s'amuse, jusqu'à ce que le temps soit venu de reprendre ses occupations habituelles, ou, si c'est le soir, d'aller digérer ses quatre ou cinq verres de thé dans son lit.

Rien n'est plus calme que l'existence dans cette ville ; et cependant, comme les Polonais sont fort amateurs de fêtes et de distractions, ils s'ingénient, paraît-il, pour n'en guère manquer pendant tout l'hiver, jusqu'au carême, où tout rentre dans l'austérité que réclame l'Eglise.

Je n'ai pu voir personnellement cette partie de la vie polonaise. Mon court séjour m'a seulement permis d'entrevoir quelques silhouettes sympathiques, dont j'ai gardé le souvenir; je me suis senti à mon aise, et quand je repris le bateau pour partir, je me dis que je quittais une terre de braves gens.

LA VISTULE

Le petit vapeur qui dessert la Vistule a dé-
marré, emportant avec moi quelques voyageurs,
officiers, marchands, paysans, qui me dévisagent curieusement. Varsovie nous poursuit quelque temps
encore ; nous la voyons qui s'étage aux flancs de sa
colline, nous longeons les casemates de la fameuse
citadelle, portail de l'exil pour les Polonais suspects ;
puis le fleuve tourne, et la grande ville a disparu.

« Le voyage sera bon, me dit un homme de l'é-
quipage ; car il y a peu de juifs et beaucoup d'eau. »
Avec beaucoup de juifs et peu d'eau, on risque de
s'éterniser sur le fleuve. Les juifs encombrent le
bateau de leurs marchandises ; à chaque station il
faut charger et décharger ; par le manque d'eau,
il arrive que le bateau se pique sur un bas-fond
et n'en sort que sur les instances réitérées de
l'équipage. Avec ce système, on sait bien quand
on part, mais on ne sait quand on arrivera. Un
trajet qui doit durer six heures en prendra peut-
être douze ou quinze.

Notre voyage fut bon en effet ; sauf que notre bateau gratta le fond, ce qui nous procura l'agrément d'une petite secousse ; sauf qu'on dut s'arrêter au milieu du fleuve pour réparer une roue ; sauf qu'on stoppa plus d'une heure à cause d'un brouillard qui cachait le chemin, tout alla pour le mieux, et les mariniers parurent très satisfaits.

Nous partîmes de Varsovie en zigzaguant d'un bord à l'autre. C'est que la Vistule n'a pas été travaillée pour la navigation et qu'il faut choisir les passages où l'eau est suffisante. Comme c'est tantôt d'un côté, tantôt de l'autre, le bateau prend les allures d'un ivrogne qui trouve la rue trop étroite et va buter des maisons de droite aux maisons de gauche.

Ce n'est pourtant pas que la route manque de largeur. Car, en plus d'un endroit, la Vistule mesure un bon kilomètre d'une rive à l'autre. Elle ne coule pas, comme le Rhin et le Danube, entre des montagnes hérissées de ruines féodales ; ses rives sont plates et monotones. Cependant, elle attache le voyageur par l'étendue de sa nappe d'eau, et par la solitude où elle déroule ses vastes méandres.

Après Varsovie, on trouve encore quelques maisons ; puis le fleuve s'allonge, s'allonge toujours entre deux forêts ; on ne voit plus d'habitations, si ce n'est, très rarement, une chaumière très pauvre, souvent construite en planches. On se sent alors pénétré du sentiment de la solitude primitive, de ces temps où le fleuve vagabondait dans les bois, avant que l'homme lui eût imposé de porter des bateaux.

Il est très doux de se laisser envahir par cette impression, de s'abstraire de ses compagnons de voyage et de s'imaginer qu'on vogue seul sur un courant inconnu, comme Chateaubriand quand il confiait sa barque aux brises du Meschacebé. Tout à coup, pendant que je m'absorbe dans cette rêverie, un détour du fleuve ouvre une perspective nouvelle : dans le lointain apparaît un palais immense, posé dans le désert au bord de ces eaux tranquilles.

Qu'est-ce donc que ce Versailles qui vient de surgir comme un enchantement ? Tout en zigzaguant, nous approchons, et, quand la magie du lointain s'est dissipée, le palais se trouve être une caserne qui semble n'avoir pas de bout, et se prolonge très loin sur le bord de la Vistule. C'est la grande forteresse de Modlin, dont les canons, tournés vers l'Allemagne, sont prêts à réveiller, au premier bruit de guerre, les échos du fleuve, si pacifique en ce moment.

Du coup, adieu le désert ! Adieu les temps primitifs où les arbres seuls se reflétaient dans l'eau des fleuves ! Nous ne sommes même plus au moyen âge, où les fiers donjons couronnaient la crête des collines. Des talus de terre, des soubassements de brique, les longues et plates constructions d'une grande caserne, voilà l'aspect d'une forteresse « fin-de-siècle ». Cela tue peut-être autant de monde, mais c'est moins pittoresque.

Les stations sont ce qu'il y a de plus simple. Parfois même on descend sans qu'il y ait de station. Au milieu d'un champ, sur le bord du fleuve, j'aperçois une voiture, avec le cocher sur son siège. On jette une planche étroite, un voyageur la traverse en courant, suivi d'un employé qui porte son bagage. Mais le bateau bouge, la planche tombe dans l'eau, et l'employé n'a que le temps de s'accrocher à la roue pour rentrer dans son bateau. Ces petits incidents empêchent de s'ennuyer.

Par endroits, les rives sablonneuses de la Vistule s'élèvent et forment une assez haute falaise au-dessus du fleuve. C'est sur ces hauteurs que les vieux Polonais ont construit leurs villes : telles sont Wyszogrod et Plock.

Mais Wloclawek est dans une plaine ; c'est une ville qui précède toute une avant-garde de moulins à vent. Le moulin à vent fait partie du paysage polonais comme du paysage beauceron ; on y rencontre partout ces longues ailes gauches qui se découpent maladroitement sur l'horizon des grandes plaines.

En descendant le cours du fleuve depuis Varsovie jusqu'à Wloclawek, nous n'avons pas rencontré d'autres vapeurs que les petits bateaux de passagers qui font le service à défaut du chemin de fer. Toute la navigation s'y fait à la voile. De lourdes barques noires tendent leur voile blanche au souffle paresseux qui les pousse lentement, sur l'eau qu'elles rident à peine. Parfois on voit se profiler à l'arrière la silhouette décharnée d'un vieux timonier juif, qui semble le type même de la patience, et passe silencieusement, supputant sans doute en lui-même les profits qu'il retirera de sa cargaison.

Les jours de fête, la navigation se ralentit ; les barques se rassemblent par groupes, se serrent les unes contre, les autres, et restent à l'ancre, dressant vers le ciel leurs mâts sans voiles.

Mais ce qui donne à la Vistule une physionomie particulière, ce sont les innombrables trains de bois qui descendent des forêts polonaises, et sont dirigés sur le fort de Dantzig.

Ces radeaux, longs d'une cinquantaine de mètres, se suivent ordinairement par files de six à huit à la surface du fleuve. Quatre hommes à l'avant et quatre hommes à l'arrière manœuvrent en cadence de longues rames d'un bois grossièrement équarri.

Ces hommes vivent sur le radeau. Ils y ont leur logement, à savoir des cabanes de paille, trois ou quatre à chaque bout et une grande au milieu ; ils y font leur cuisine, et, quand vient le soir, on voit sur chaque train de bois un feu qui flambe en plein air. Alors le mouvement des rames s'arrête ; le radeau est mis au repos pour la nuit ; les hommes s'assemblent sur un banc demi-circulaire, entouré d'une haie de branchages qui les protège du vent, et là, ils fument leur pipe et devisent tranquillement, en attendant que le repas soit prêt.

Le lendemain, ils reprendront la rame et continueront leur tranquille voyage, et ainsi jusqu'à ce qu'ils aient atteint les rivages de la Baltique ; à moins qu'ils ne préfèrent s'arrêter en chemin, et vendre leur bois aux populations riveraines. Ils resteront là tant que durera la vente, et puis retourneront dans leurs forêts.

Singulière existence ! Pendant qu'on les dépasse, et que la vague, soulevée par le bateau, déferle sur leurs bottes ou leurs pieds nus, on est pris du désir

dè pénétrer dans ces vies rudes et simples, qui s'écoulent dans la profondeur des forêts et à la surface des
fleuves. Quelles douleurs, quelles joies y a-t-il dans
ces fragments de l'humanité qui flottent sur les eaux
de la Vistule? A quoi songent-ils pendant les longues
journées d'été, en caressant le fleuve de leurs grandes rames? De quoi parlent-ils, le soir, lorsque, aux
rayons du soleil couchant, ils se réunissent pour se
délasser des fatigues du jour?

Mais le bateau passe; les radeaux s'éloignent et
ne forment plus qu'une masse confuse dans les ombres du soir. Nous ne les reverrons plus. Ainsi
passe à côté de nous, sans que nous puissions le son-
der, le mystère que contient toute existence humaine.

Et maintenant, à Wloclawek, j'ai quitté le fleuve;
le chemin de fer m'emporte vers les frontières de
Prusse. Les grands clochers de la cathédrale disparaissent à l'horizon. Je contemple encore une fois ces
plaines polonaises que je vais quitter, peut-être pour
toujours. Adieu, Pologne!

TABLE DES MATIÈRES

Pages

Imp. des Orphelins-Apprentis. — D. Fontaine, 40, rue La Fontaine, Paris-Auteuil.